全国技工院校新能源汽车检测与维修专业教材
（中 / 高级技能层级）

# 新能源汽车高压电安全

人力资源社会保障部教材办公室　组织编写

主　编　姜丽娟
主　审　赵暨羊

中国劳动社会保障出版社

**简介**

本书内容包括新能源汽车作业所涉及的高压电安全基本知识，结合高压电作业规范，针对典型工作任务进行编写。全书分为六个模块，主要内容包括：新能源汽车高压电基础知识及触电急救、新能源汽车高压电绝缘用具及其使用、新能源汽车的安全性、新能源汽车的日常维护与安全使用、新能源汽车高压系统的断电操作、新能源汽车高压电缆的检测与更换等。

本书内容丰富、通俗易懂、实用性强，适用于职业院校新能源汽车检测与维修专业的教学使用，也可作为新能源汽车技术人员培训教材及参考用书。

本书由姜丽娟任主编，费丽东、许强、徐嘉炯、王晓华参与编写，赵暨羊任主审。

**图书在版编目（CIP）数据**

新能源汽车高压电安全 / 人力资源社会保障部教材办公室组织编写；姜丽娟主编. --北京：中国劳动社会保障出版社，2020

全国技工院校新能源汽车检测与维修专业教材. 中、高级技能层级

ISBN 978-7-5167-4406-2

Ⅰ.①新…　Ⅱ.①人…②姜…　Ⅲ.①新能源-汽车-高电压-安全技术-技工学校-教材　Ⅳ.①U469.7

中国版本图书馆 CIP 数据核字（2020）第 093223 号

**中国劳动社会保障出版社出版发行**

（北京市惠新东街 1 号　邮政编码：100029）

*

北京市白帆印务有限公司印刷装订　　新华书店经销

787 毫米 ×1092 毫米　16 开本　10.5 印张　186 千字

2020 年 7 月第 1 版　　2022 年 8 月第 4 次印刷

**定价：32.00 元**

读者服务部电话：（010）64929211/84209101/64921644

营销中心电话：（010）64962347

出版社网址：http://www.class.com.cn

http://jg.class.com.cn

# 前言

PREFACE

2012年6月，国务院颁布《节能与新能源汽车产业发展规划（2012—2020年）》，其中对新能源汽车进行了定义：新能源汽车是指采用新型动力系统，完全或主要依靠新型能源驱动的汽车，本规划所指新能源汽车主要包括纯电动汽车、插电式混合动力汽车及燃料电池汽车。

随着国家不断推动新能源汽车的发展，目前我国新能源汽车保有量已经突破百万，成为新能源汽车产销量第一的国家。

相对于传统汽车而言，新能源汽车大量使用高压电，这对维护和维修工作提出了更高的要求。为了满足全国技工院校新能源汽车检测与维修专业的教学需求，人力资源社会保障部教材办公室组织有关学校的骨干教师和行业、企业专家，在充分调研企业生产和学校教学情况的基础上，开发了本套新能源汽车检测与维修专业教材。

## 教材体系

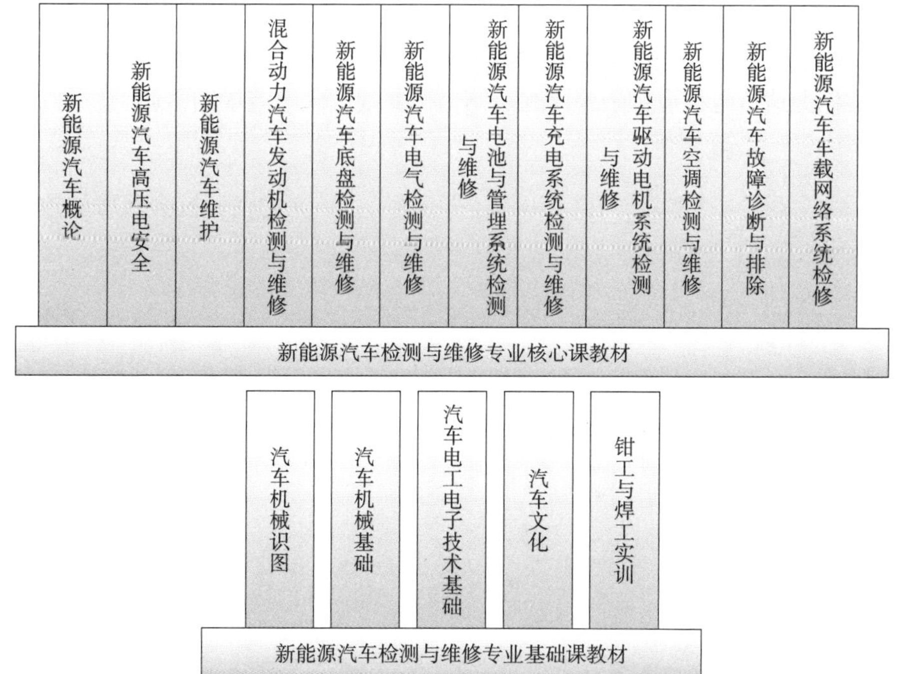

## 编写特色

◆ 紧贴企业实际情况　通过行业、企业调研，掌握企业对新能源汽车检测与维修专业人才的岗位需求和技能要求，确定人才培养目标（中级 / 高级），构建科学合理的课程体系。根据课程教学目标，合理确定学生应具备的知识与能力结构；充分考虑企业生产实际，选择当前市面上广泛使用的新能源车型进行教学。

◆ 体现行业技术发展　根据相关专业领域的最新发展，在教材中充实新知识、新技术、新设备、新材料等方面的内容，体现教材的先进性。采用最新的国家技术标准，使教材内容更加科学和规范。

◆ 符合学生阅读习惯　在教材内容的呈现形式上，较多地利用实物照片和表格等形式将知识点生动地展示出来，力求让学生更直观地理解和掌握所学内容。部分教材采用四色印刷，图文并茂，增强了教材内容的表现效果。

## 教学服务

本套教材配有习题册和方便教师上课使用的多媒体电子课件等教学资源，可以通过技工教育网（http：//jg.class.com.cn）下载。另外，在部分教材中针对教材中的教学重点和难点制作了微视频等多媒体资源，学生使用移动终端扫描二维码即可在线观看相应内容。

## 致谢

本次教材编写工作得到了北京、黑龙江、辽宁、江苏、浙江、湖南、山东、山西、福建、广东、广西等省、自治区、直辖市人力资源社会保障厅及有关院校的大力支持，以及深圳市信力达机电科技有限公司的协助，在此我们表示诚挚的谢意。

人力资源社会保障部教材办公室

2020 年 6 月

# 目 录
CONTENTS

模块一｜新能源汽车高压电基础知识及触电急救 …………1

一、新能源汽车中的高压电 …………2
二、高压电的危害 …………7
三、触电急救 …………13
技能实训 1 触电急救 …………22

模块二｜新能源汽车高压电绝缘用具及其使用 …………26

一、基本绝缘安全用具 …………27
二、辅助绝缘安全用具 …………37
技能实训 2 新能源汽车高压电绝缘用具的使用 …………43

模块三｜新能源汽车的安全性 …………49

一、锂电池的安全性 …………50
二、镍氢电池的安全性 …………58
三、燃料电池的安全性 …………60
四、动力蓄电池的安全性 …………63
五、新能源汽车的高压防护 …………64
技能实训 3 新能源汽车高压区域识别 …………78

模块四｜新能源汽车的日常维护与安全使用 …………85

一、新能源汽车的日常维护 …………86
二、新能源汽车的安全使用 …………93
技能实训 4 新能源汽车常规检查 …………104

模块五｜新能源汽车高压系统的断电操作 ……………………110

一、新能源汽车高压电缆接插件的解锁方法 ………… 111
二、高压断电准备工作 ………………………………… 118
三、新能源汽车高压系统断电方法 …………………… 121
四、新能源汽车高压系统检验方法 …………………… 122
五、新能源汽车高压电安全操作注意事项 …………… 123
技能实训 5　新能源汽车高压系统的断电与检验 …… 125

模块六｜新能源汽车高压电缆的检测与更换 ………………131

一、高压线束 / 电缆分布 ……………………………… 132
二、高压电缆的检测 …………………………………… 134
三、高压电缆的更换 …………………………………… 145
技能实训 6　新能源汽车高压电缆的检测与更换 …… 149

# 模块一
# 新能源汽车高压电基础知识及触电急救

## 学习目标

1. 了解高压电的定义及等级。
2. 掌握高压电在新能源汽车中的应用。
3. 了解高压电对人体的伤害。
4. 掌握预防触电的相关知识。
5. 了解新能源汽车中高压电的危害，并能采取正确的急救措施。

**●任务描述：**

小张是北汽新能源 4S 店一名修理技师，现接到一辆北汽 EV160 纯电动汽车的修理任务，用户反映该车不能上电，由于该车具有高压电，若盲目检修，极易因车辆故障导致触电伤害。为此小张安排培训讲师对新员工小王进行高压电及安全知识培训，防止检修中受伤，并在培训讲师指导下完成对该纯电动汽车的故障检修。

想一想，什么是高压电？高压电对人体有哪些危害？应怎样预防触电？

**●任务分析：**

为了获得更高的驱动扭矩和更大的驱动功率，新能源汽车的工作电压不断提高，某些纯电动汽车的驱动电压已经超过 600 V，远超人体所能承受的安全电压。新能源汽车的高压电会导致触电事故，作业检修人员必须掌握高压电基本知识，具有预防高压触电的能力，并具有对触电人员采取正确的急救措施的能力。

## 相关理论

现阶段，新能源汽车主要车型有纯电动汽车、插电式混合动力汽车和燃料电池汽车等，随着社会对新能源汽车续航能力需求不断提高和技术不断进步，新能源汽车采用了越来越高的驱动电压。

### 一、新能源汽车中的高压电

新能源汽车有别于传统燃油汽车，采用高压储能系统、驱动电机系统以及高压控制系统，用电能驱动电机运转，用电机驱动车辆行驶。

#### 1. 高压系统的定义

《电动汽车高压系统电压等级》(GB/T 31466—2015）中指出，高压系统是指电动汽车内部与动力电池直流母线相连或由动力电池电源驱动的高压驱动零部件系统，主要包括但不限于：动力电池系统和 / 或高压配电系统（高压继电器、熔断器、电阻器、主开关等)、驱动电机及其控制器、电动压缩机总成、DC/DC 变换器、车载充电机（如果配置）和 PTC 加热器等，见表 1-1。插电式混合动力汽车还包括发电机系统，燃料电池汽车还包括燃料电池堆栈及其升压系统等。

国家标准将新能源汽车高压系统直流电压等级分为 144 V、288 V、317 V、346 V、400 V、576 V 几种，并同时注明由于技术进步、整车布置空间方面的因素，在具体应用时，可采用偏离上述电压等级的其他电压。

表 1-1　　新能源汽车高压系统主要零部件

| 高压电部位 | 图示 | 作用 | 说明 |
|---|---|---|---|
| 动力电池系统 | | 给车辆提供高压电能，充电时储存电能 | 动力电池总成为高压元件，相连线束为高压电缆 |

续表

| 高压电部位 | 图示 | 作用 | 说明 |
|---|---|---|---|
| 驱动电机 |  | 将电能转换为机械能，为车辆行驶提供驱动力 | 驱动电机总成为高压元件，相连线束为高压电缆 |
| 驱动电机控制器 |  | 控制动力电源与驱动电机之间的能量传输 | 驱动电机控制器总成为高压元件，相连线束为高压电缆 |
| 电动压缩机总成 |  | 为空调制冷循环提供动力 | 电动压缩机总成为高压元件，相连线束为高压电缆 |
| DC/DC 变换器 |  | 将动力电池高压电转换为低压电，为车辆低压电路提供电源 | DC/DC 变换器总成为高压元件，输入线束为高压电缆 |
| 车载充电机 |  | 为车辆动力电池补充电能 | 车载充电机总成为高压元件，相连线束为高压电缆 |
| PTC 加热器 |  | 为空调加热系统提供热能 | PTC 加热器总成为高压元件，相连线束为高压电缆 |

## 2. 高压电等级

根据《电工术语　发电、输电及配电　通用术语》（GB/T 2900.50—2008）的规定，低电压指用于配电的交流电力系统中 1 000 V 及其以下的电压等级，高电压指超过低压的电压等级。国际上公认的高低压电器分界线是交流电压 1 000 V、直流电压 1 500 V。

目前国内市场销售、使用的新能源汽车驱动电源电压均低于 1 000 V，因此从事新能源汽车维修须持有的上岗证为“低压电工作业特种作业操作证”。

《电动汽车　安全要求　第 3 部分：人员触电防护》(GB/T 18384.3—2015) 中将新能源汽车电压分为 A 级电压和 B 级电压，见表 1-2。

目前新能源汽车动力系统大多采用 B 级电压。A 级电压主要应用于车辆 12 V 或 24 V 低压电路系统、低速电动汽车和部分采用 48 V 动力电池的轻度混合动力车型。

表 1-2　电压等级

| 电压等级 | 最大工作电压（V） | |
|---|---|---|
| | 直流 | 交流（rms） |
| A | $0<U\leqslant60$ | $0<U\leqslant30$ |
| B | $60<U\leqslant1\,500$ | $30<U\leqslant1\,000$ |

注：rms 表示交流电压有效值。

对最大工作电压达到 B 级电压的新能源汽车，必须按规定采取防止直接接触带电体的保护措施对维修人员进行保护，防止触电事故发生。B 级电压电路中高压电缆的外皮应用警示色——橙色加以区别。以图 1-1 所示新能源汽车动力电池内部高压电缆为例，橙色线束为高压电缆。

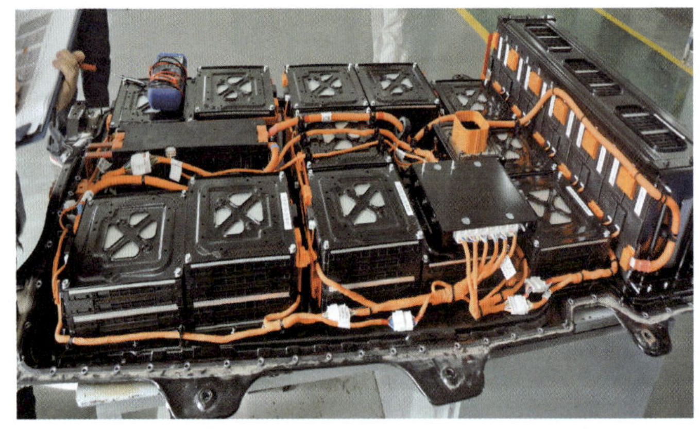

图 1-1　动力电池内部的高压电缆（橙色）

### 3. 安全电压

安全电压是指人体可较长时间接触带电体而不致直接致死或致残的电压。

由于环境条件、使用条件等差异，各行各业对安全电压的要求会有所不同。根据《标准电压》(GB/T 156—2017) 的规定，直流低于 1 500 V 的设备额定电压优选 6 V、12 V、24 V、36 V、48 V、60 V、72 V 等 10 种。

安全电压应根据作业场所、操作条件、使用方式、供电方式、线路状况等因素选用。例如，一般环境中使用的手持电动工具应采用 42 V 特低电压；有电击危险环境中使用的手持照明灯和局部照明灯应采用 36 V 或 24 V 特低电压；金属容器内、特别潮湿处等特别危险环境中使用的手持照明灯应采用 12 V 特低电压；水下作业等场所应采用 6 V 特低电压。

《特低电压（ELV）限值》（GB/T 3805—2008）中规定，在最不利条件下（除医疗及人体浸没在水中外），安全电压限值是 15～100 Hz 交流电压不超过 16 V（有效值）、无纹波直流电压不超过 35 V。一般环境条件下新能源汽车允许持续接触的安全特低电压为 36 V。

### 4. 纯电动汽车中的高压电

纯电动汽车的高电压系统同时具有直流高压电和交流高压电，例如，动力电池中会存在直流高压电，而驱动电机中会存在交流高压电。车辆维修时，必须做好绝缘保护措施，防止触电伤害，但可依据高压电存在形式有所区分。纯电动汽车高压电存在形式主要有三种。

（1）持续存在。持续存在指当车辆运行或停止时，高压电始终存在。新能源汽车的动力电池是储能元件，因此当满足其放电条件后，会持续对外发电，为预防触电，无论何时对动力电池进行维修，都需要佩戴个人安全防护用具，做好绝缘保护。

（2）运行期间存在。运行期间存在指在点火开关打开即车辆处于上电状态（仪表 OK 灯或 READY 灯点亮）时，存在高压电，主要分为以下两种类型。

1）只要车辆处于上电状态就存在，涉及部件主要包括新能源汽车的逆变器（如驱动电机控制器）、DC/DC 变换器及与其相连的高压电缆。

2）虽然车辆处于上电状态，但需要接通功能开关才会存在，涉及部件主要包括电动空调压缩机、PTC 加热器和驱动电机。例如，只有当车辆 A/C 开关打开时电动空调压缩机才会存在高压电；当车辆暖风开关打开时，PTC 加热器才会存在高压电；当车辆挂挡行驶时，驱动电机才会存在高压电。

（3）充电期间存在。新能源汽车的充电系统部件仅在车辆充电期间存在高电压，此类高压电来自外部电网，以及车载充电器及其与动力电池之间的直流高压电缆。需要注意的是，某些车辆的车载充电器和动力电池设计有独立的空调冷却系统，在车辆充电期间，由于动力电池可能产生较高热量，此时电动空调压缩机会运行并给动力电池降温，因此，由于压缩机处于运行状态，在充电期间也会存在高压电。

对运行期间和充电期间存在高压电的部件，维修时若执行正确的高压断电，可在一定程度上确保高压系统部分不存在高压电，此时对这些高压部件的维修可适当减少甚至可以不采取绝缘保护措施，即减少或不佩戴个人安全防护用具。

新能源汽车高压电存在形式及主要部件如图 1-2 所示。

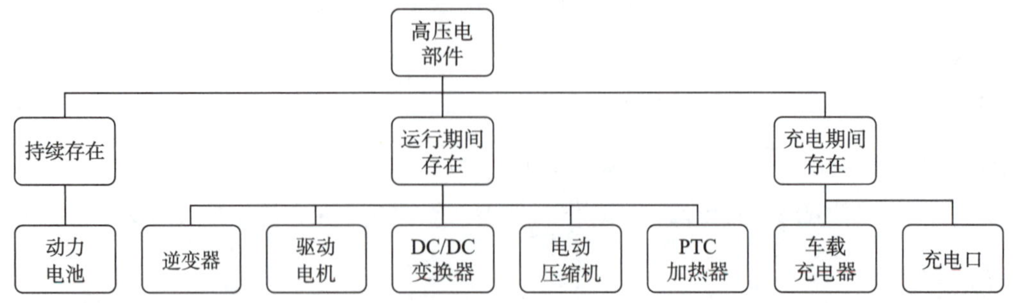


图 1-2　新能源汽车高压电存在形式及主要部件

### 5. 插电式混合动力汽车中的高压电

插电式混合动力汽车是在原有的燃油（或燃气）发动机系统中，增加由高压动力电池、高压控制电路和驱动电机组成的电力驱动系统，通过 2 个动力系统相互配合，达到高效、节能驱动车辆的目的。除与纯电动汽车相同的高压电存在形式及部件外，其发电机系统也属于高压系统。

### 6. 燃料电池汽车中的高压电

燃料电池汽车中的高压电主要来自燃料电池。燃料电池是将化学能转变为电能的发电装置，燃料电池反应堆栈将输入的氢气与氧气通过化学反应转换成电能，同时生成水，虽然单个燃料电池的电压较低，仅有 2 V 左右，但由多个燃料电池串联起来组成的燃料电池堆栈，工作电压高达 300 V 以上。因此燃料电池堆栈也属于高压部件。

除了燃料电池堆栈具有高压电外，燃料电池汽车还备有高压动力电池总成，用来储存燃料电池产生的电能，并在大功率输出电流时提供辅助电力。为了能够输出较高的功率，该动力电池电压远高于燃料电池堆栈输出的电压，高达 650 V，燃料电池堆栈输出的电压通过 DC/DC 变换器升压后对动力电池进行充电。燃料电池堆栈及升压器如图 1-3 所示。

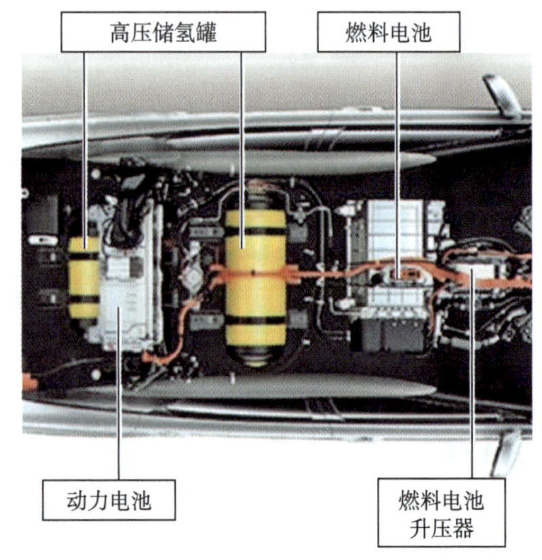


图 1-3　燃料电池堆栈及升压器

维护或检修燃料电池汽车时必须重视检修作业人员的安全防护，防止发生触电事故，同时还需要注意安全使用氢气。

## 二、高压电的危害

人体是导体，流过人体的电流超过人体承受的范围就会造成伤害甚至导致死亡，进行涉及新能源汽车高压部位的操作时，作业人员必须做好安全防护，以保证身体不受高电压的伤害。

### 1. 高压电对人体伤害的原理

人体内有大量的液体，血液、组织液、细胞内液都是良好的导体。人体接触带电部件时就有可能流过电流。电流以最短路径流过人体，在流过不同器官、组织时对人体的作用主要表现为生物效应，同时还产生热效应、化学效应和机械效应。

电流流过人体时，小电流会引起麻感、针刺感、压迫感，随着电流加大，对人体的影响逐渐加大，人体感到打击感、痉挛、疼痛、呼吸困难、血压异常，电流进一步增大会导致昏迷、心律不齐、窒息、心室颤动，或者直接导致心脏停止跳动而死亡。流过人体的电流影响或伤害人体器官、组织，流过数安培的大电流可能导致人体组织严重烧伤、烧焦。

电流流过心脏，直接作用于心肌导致心室颤动；电流流过中枢神经系统，引发中枢神经系统反射引起心室颤动；电流流过人体胸部引起窒息，使机体缺氧从而导致心室颤动。心室颤动会导致心脏停止跳动，是小电流电击致命的最常见和最危险的原因。发生心室颤动时，心脏每分钟颤动 1 000 次以上，颤动的幅值很小，而且没有规则，此时心脏不能正常收缩和舒张，甚至发生骤停，全身血液停止循环。流过人体的电流越大对人的反应和伤害越大，引发心室颤动所需时间越短，致命的危害越大。

人体是导体，干燥条件下人体电阻为 1 000～3 000 Ω。人体电阻与环境、实际操作有较大关系，穿湿的衣服、皮肤表面出汗、环境湿度大、皮肤破损、表面有导电粉尘、接触压力大、接触面积大等因素都会导致人体电阻变小，从而更容易造成触电事故。人体不同位置接触电路时电阻不同，产生的电流也不同，人体各部位电阻见表 1–3。

表 1–3　人体各部位电阻

| 电流路径 | 人体电阻（大约值） |
|---|---|
| 手→手 | 1 000 Ω |
| 单手→单脚（不同侧） | 1 000 Ω |

续表

| 电流路径 | 人体电阻（大约值） |
| --- | --- |
| 单手→单脚（同侧） | 750 Ω |
| 单手→双脚 | 500 Ω |
| 单手→胸 | 450 Ω |
| 双手→胸 | 230 Ω |

人体电阻越小，流过身体的电流越大，伤害程度越严重；人体电阻越大，流过身体的电流越小，伤害程度越轻。电流流过人体会造成触电，过大的电流会伤害身体甚至导致死亡。工频电流大小与电流持续时间对人体造成的伤害见表 1-4。

表 1-4　　工频电流对人体造成的伤害

| 流过人体电流 | 电流持续时间 | 对人体造成的伤害 |
| --- | --- | --- |
| ≤0.5 mA | 持续通电 | 没有感知 |
| 0.5～5 mA | 持续通电 | 有感知，触电部位有麻感，可以摆脱带电体 |
| 5～30 mA | 几分钟内 | 人体痉挛，不能摆脱带电体，呼吸困难，血压升高，到达忍受极限 |
| 30～50 mA | 几秒钟至几分钟 | 心脏跳动不规则，血压升高，强烈痉挛，引发心室颤动，人立即昏迷 |
| 50～数百毫安 | 低于心脏搏动周期 | 受强烈刺激，但未发生心室颤动 |
| | 高于心脏搏动周期 | 发生心室颤动，人立即昏迷，接触部位有电流流过的痕迹 |
| 超过数百毫安 | 低于心脏搏动周期 | 在心脏易损期触电时，发生心室颤动，人立即昏迷，接触部位留有电流流过的痕迹 |
| | 高于心脏搏动周期 | 心脏停止跳动，人立即昏迷，有致命的电灼伤 |

（1）感知电流

使人体有感觉的最小电流称为感知电流。人体流过感知电流时会有轻微的麻感，成年人的直流感知电流约为 0.5 mA，成年男性的工频交流感知电流约为 1.1 mA，成年女性的工频交流感知电流略小，约为 0.7 mA。感知电流一般不会造成人体伤害，但是接触时间长也容易导致接触面的电解而增大电流，或因电流的麻感增加导致人体反应变大，

造成错误动作，从而产生事故。

（2）摆脱电流

人体触电后能够自行摆脱带电体的最大电流称为摆脱电流。人体流过的电流在摆脱电流范围时，人能感受较强的触电麻感，但能迅速摆脱触电状态。成年人的直流摆脱电流约为 50 mA 以下，成年男性的工频交流摆脱电流约为 16 mA 以下，成年女性的工频交流摆脱电流仅为 10 mA 以下，儿童的摆脱电流远远小于成年人。

人个体不同，电阻不同，触电的状况不同，不同的人、不同的场景下摆脱电流是完全不同的。一般来说，在摆脱电流范围内人体能忍受，暂时也不会造成危险，但是电流通电时间过长也会造成心室颤动或者昏迷、窒息，甚至死亡。

（3）致命电流（室颤电流）

人体发生触电后马上危及生命的最小电流称为致命电流。在 1 000 V 以下的低压触电事故中，心室颤动是触电致命的最主要原因，通常致命电流又称为导致心室颤动的最小电流，一般状况下，直流电流超过 100 mA、工频电流超过 50 mA 时，心脏就会停止跳动，出现致命危险。大量的实验研究证明，当流过人体的电流大于 30 mA 时，心脏有室颤的危险，所以往往把 30 mA 作为室颤的极限电流。

工频电流作用的危害强于直流电，新能源汽车除了驱动电机及驱动电机控制器部分采用交流电控制外，动力源部分采用的都是直流电，参照工频电流的安全防护执行可以得到安全保障。

除电流流过心脏造成的危害以外，电流流过中枢神经及相关部位，会引起中枢神经强烈失调而影响呼吸与心跳，导致死亡；电流流过脑部，会严重损伤大脑，使人昏迷不醒或死亡；电流流过脊髓会使人瘫痪；电流流过局部肢体会引起中枢神经强烈反射导致严重收缩而造成伤害。

### 2. 触电对人体伤害的形式

人体触电后与带电体构成闭合回路，流过人体的电流对人体造成的伤害主要包括电击和电伤两种。

（1）电击

电击是电流通过人体引起的病理变化。电流流过人体内部，能直接导致内部组织、器官的损害，是最危险的触电伤害。产生电击后，电流从身体内部流过，触电者外伤不明显，多数情况下只留下几个放电后的疤痕，这是电击伤害的一个显著特征。

人体遭遇电击后，发生的病理变化主要是心室颤动、呼吸麻痹、呼吸中枢衰竭等。电流直接流过神经组织中枢或心脏时，立即引起中枢神经失调或心室颤动，造成人体呼吸困难或心搏骤停导致死亡。50 mA 的工频电流可使人体受到致命电击，神经系统受到强烈刺激，引起呼吸中枢衰竭，呼吸麻痹，心室颤动，导致昏迷或死亡。

电击持续时间越长，人体造成的损伤越大。有以下原因：

1）电流持续时间越长，体内积累电荷越多，伤害越严重。

2）随着电击时间增加，人体与所接触带电体表面产生电解，加上人体汗液增多，人体电阻快速下降，流过身体的电流快速增加，电击危害加大。

3）电击持续时间越长，中枢神经反应越强烈，电击危险性越大。

4）心电图显示的心脏收缩与舒张之间约 0.2 s 的时间是心脏易损期（易激期）。电击持续时间长必然与心脏易损期重合，使电击的危害加剧。

（2）电伤

电伤是电流直接或间接造成的人体表面局部损伤。电击包括电能转化成热能造成的灼伤和电能转化成化学能或机械能造成的电烙印、皮肤金属化、机械损伤等。电伤往往会在人体表面留有明显的伤痕。

1）灼伤　灼伤是因电流的热效应引起的，也称为电烧伤，如图 1-4 所示。在人体与带电体的接触处，接触面积一般较小，电流密度可达很大数值，又因皮肤电阻较体内组织电阻大许多倍，故在接触处产生很大的热量，致使皮肤灼伤。最严重的灼伤是电弧作用在人体表面造成直接烧伤。常见的灼伤是由于电弧的热辐射使附近的人体烧伤，也包括飞溅的灼热熔化金属液体或热浪对人体造成的烧伤。

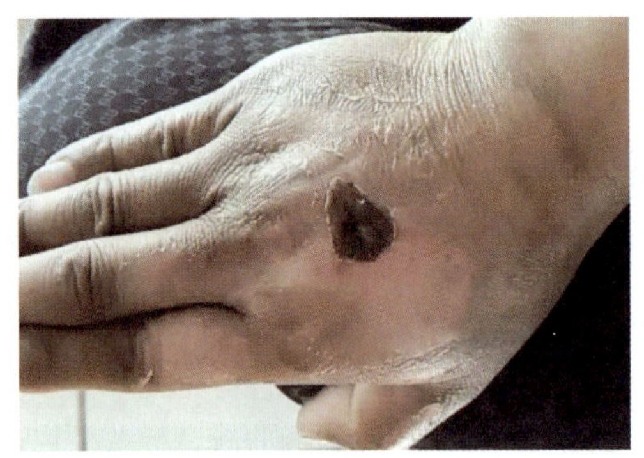

图 1-4　灼伤

2）电烙印　电烙印是人体与带电部分接触良好时，在皮肤上形成一种圆形或椭圆形的斑痕，也称为电标志。电烙印并不是由于热效应引起的，而是化学效应和机械效应引起的伤害。

3）皮肤金属化　皮肤金属化是被电流熔化的金属微粒渗入皮肤表层所引起的伤害，是电伤中最轻微的一种伤害。皮肤金属化后表面变得粗糙坚硬，有绷紧的感觉，一般不会造成严重的伤害。

4）机械损伤　机械损伤是指电流通过人体时产生的机械电动力效应，使肌肉发生不由自主的剧烈抽搐性收缩，致使肌腱、皮肤、血管及神经组织断裂，甚至使关节脱位或造成骨折。

### 3. 触电的预防

对新能源汽车进行涉及高压电的使用、维护、检修等作业时，作业人员必须做好预防触电的措施。

（1）作业人员的防护要求

新能源汽车作业人员是触电的高危人员，必须具备预防触电的常识，经过国家安全生产管理部门组织的安全培训，考取低压电工作业特种作业操作证（见图 1-5），持证上岗作业，熟知电工特种作业相关安全法规，掌握电力施工作业安全要求，必须经过汽车生产企业专业技术培训并通过考核，掌握新能源汽车构造、原理和诊断知识与技能，掌握新能源汽车售后服务知识与技能，具有安全、文明生产和环境保护的相关知识和技能。

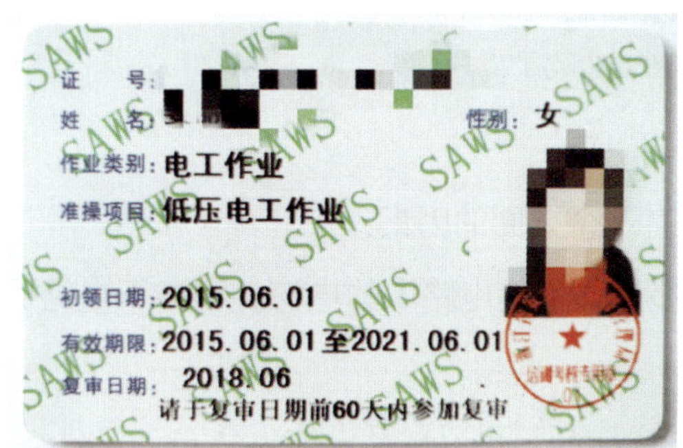

图 1-5 低压电工作业特种作业操作证

（2）工作场所防护要求

为了保证维修过程的安全，在检修新能源汽车时对维修检测工位（见图 1-6）有以下要求：

1）隔离。在工作场所竖起遮栏、拉上警戒线、挂上高压警告标志。

2）内部配备足够亮度的灯光，工作区域的光照强度不应低于 500 lx（勒克斯，光照强度单位）。

3）配备消防设备设施，如干粉灭火器、消防栓和水枪。

4）配备预防触电的设备设施，如为作业地面铺设绝缘垫，为工作电源做好绝缘和触电防护、配备安全接地线、安装触电保护器等。

5）为有触电危险的设备配备安全操作说明。

6）配备安全作业防护用具，如工作服、绝缘手套、绝缘鞋、护目镜、安全头盔、绝缘钩等。

7）配备安全绝缘工具，如绝缘扳手、绝缘套筒、绝缘尖嘴钳、绝缘旋具等。

8）配备急救器材（如除颤仪），保障作业人员的生命安全。

图 1-6　新能源汽车维修工位

（3）触电防护技术要求

1）人体触电的原因　造成人体触电主要有三个方面的因素：

①人体作为导体构成电路闭合回路的一部分，承受电路中的电流，相当于电路中的负载。

②在电路中，加载在人体导电两端的接触电压高，足以危及人体生命安全。

③在电路中，流过人体的电流持续时间内，加载在人体上的电流强，足以危及人体生命安全。

触电防护主要通过改变、切断上述三个因素来实现，增加作业人员的绝缘电阻，降低作用于人体上的电压以及电流。在作业过程中采取的措施是：

①佩戴绝缘手套、穿绝缘鞋、垫绝缘地垫等，增加绝缘性能。

②控制电路采用低于 36 V 的低压电路，减少人体直接接触高压电路的风险。

③在工作电路中增加保护电路，如在工频交流电路中采用漏电保护器；检测到漏电大于 30 mA 时立即切断电源。

④在新能源汽车中增加绝缘性能检测电路，在绝缘性能降低时切断高压电源。

⑤增加高压互锁电路，当高压电路暴露时，控制系统立即切断高压电源，以减少使用者或作业人员接触高压电的风险。

国际电工技术委员会（IEC）将人体触电分为直接触电和间接触电两类。有关触电的保护技术也相应包括直接接触触电防护和间接接触触电防护两个方面。

2）直接接触触电防护　防止直接接触触电是一切电气设备设计、制造、安装和使用中所必须保证的最基本要求。新能源汽车直接接触触电防护主要有：

①新能源汽车中高压电路部分必须采取可靠措施，防止人体偶尔接触或过分接近带电导体，主要利用绝缘材料进行防护，如用陶瓷、橡胶、胶木、塑料、云母、树脂、油漆、纸、布、玻璃等绝缘材料把带电导体完全包封起来，既保证高压设备正常工作，又保证人体不直接接触带电导体。这种防护要求绝缘材料能在长期运行中经受电气、机械、化学等因素造成的腐蚀或损坏，保证其具有良好的绝缘性能。新能源汽车会在各种工况下工作，车辆使用条件恶劣，绝缘防护的要求相应较高。

②新能源汽车运行前和运行中连续对高压部件进行绝缘性能监测，绝缘性能正常则车辆可以使用，如果监测到绝缘阻值下降，车辆进行报警，绝缘阻值下降较大则立即切断高压电源并报警，防止车辆使用人员或作业人员触电。

③新能源汽车在检修或维护中，需要提醒周边的人不要进入维修场地，防止产生意外触电事故。

3）间接接触触电防护　间接接触触电防护的目的是防止电气设备故障的情况下发生人身触电事故，也要预防电气设备故障的进一步扩大，防止引发更大、更严重的事故。新能源汽车中常见的防护措施是高压互锁，在高压部件暴露时，高压互锁切断高压电输出，防止产生高压部件断路故障，防止作业人员触电。

## 三、触电急救

### 1. 人体触电后急救基本知识

人体触电电流值远远超过人体能承受的范围，电流流过心脏，人体立即出现心颤甚至心跳停止，电流强烈刺激神经系统引起呼吸中枢衰竭。触电者往往出现心搏骤停、呼吸停止或者心跳呼吸均停止的状况。但此时部分触电者并非已经死亡，可能处于假死状态，是人体受到电流的刺激所致，身体器官并无严重的器质性病变。对于这样的触电者，如果马上采取正确、有效的急救，就有可能救活。

处于假死的触电者往往已经昏迷、失去知觉、面色苍白、心跳和呼吸停止。根据临床表现，触电者分为三种类型：

（1）心跳停止，但有呼吸。

（2）呼吸停止，但有心跳。

（3）心跳、呼吸全停止。

对于无心跳有呼吸或有心跳无呼吸的情况如果不及时抢救，或抢救方法不对，就会导致触电者出现心跳、呼吸全部停止的情况。

触电者出现心颤时可使用自动体外除颤仪（AED）对心脏除颤，在心颤产生的

3～5 min 内实施除颤，70% 的患者可以恢复心跳。如果除颤后心脏停止跳动，应马上进行体外心脏按压术，以帮助患者恢复心跳。

心跳和呼吸是人体两大生命体征，心跳停止将导致血液循环的停止，呼吸停止将导致肺内的废气不能与外界的新鲜空气进行交换，人体各器官的组织细胞缺乏血液供给的营养和氧气而逐渐停止新陈代谢，慢慢死亡，生命因细胞的死亡而死亡。如果没有及时抢救，触电者很快就会从假死转变为真正的死亡。

心跳和呼吸停止最佳的抢救方式就是采用心肺复苏术。心肺复苏术也称为人工呼吸和体外心脏按压术，是对心跳、呼吸停止的病人所采取的最有效的急救措施。在确认病人心跳、呼吸停止时，必须争分夺秒进行急救，尽最大的努力去挽救病人的生命。

医学资料证明，在心跳、呼吸骤停的 4 min 内进行心肺复苏抢救，有 50% 左右的人被救活；4～6 min 开始抢救有 10% 的人被救活；超过 6 min 开始抢救有 4% 的人被救活；10 min 以上开始抢救几乎无救活的可能。

### 2. 触电事故的处理与急救

有人发生触电事故后，应立即展开现场急救，具体可以分为迅速摆脱电源、简单诊断和对症处理三部分。

（1）迅速摆脱电源

新能源汽车维护或检修需要 2 人配合，1 人是操作员，另外 1 人是安全员，这是在作业中对突发情况的一种保护措施。操作员进行高压电作业时，安全员做辅助工作和记录工作。单人操作可以防止 2 人作业中配合失误造成触电事故，当操作员发生意外触电事故时，安全员必须冷静应对，不能惊慌失措、束手无策，首先要马上切断触电电源，这是抢救成功与否的首要因素。当触电发生时，强大的电流持续不断流过触电者，触电时间越长，对人体的损害越严重。另外，切断电源也是抢救人员安全的重要保证，防止抢救人员接触带电的触电人员，造成抢救人员触电事故。因此，发现有人触电，需要立即切断电源或让触电者脱离带电体，触电者脱离电源后才能进行抢救。

让触电者脱离电源的方法主要有以下几种：

1）发现触电时，立即采取关闭电源（点火）开关、拔下动力电池检修开关、拔下高压插头等方式切断电源。如果发生市电触电，可以采取拉开闸刀、拔下插头、关闭开关等方式来切断电源。

2）当带电的高压部件触及人体引发触电，对触电者无法采取其他方法脱离电源时，抢救人员可以用绝缘体（绝缘手套、竹竿、干燥的木棒等）将带电体断开，使触电者迅速脱离电源，如图 1-7 所示。

图 1-7 使触电者脱离电源

3）采用切断电源连接线的方式切断电源，例如用绝缘钢丝钳剪断电源导线，用带木柄的利斧砍断电源导线等。

因作业场地不同、作业内容不同，触电者触电状态各不相同，在作业现场要因地制宜，灵活运用各种方法，快速切断电源，使触电者脱离带电体。触电者脱离电源后，人体不再受到电流刺激，肌肉放松，可能会摔倒，造成新的外伤，如骨折、头颅受伤（人体后仰易导致颅底骨折），因此在实际抢救时需要注意触电者的状况，在抢救触电者时需要有配合措施，避免造成新的伤害，加重病情。另外在切断电源或脱离带电体时，切莫慌张，不能顾此失彼，要认清作业环境，避免误伤他人，造成新的事故。

【提示】

在摆脱电源时，救护人员既要救人，也要注意保护自己。

（2）简单诊断

触电者摆脱电源后，往往处于昏迷状态，抢救人员必须尽快对伤者做出身体状况的判断，主要是对伤者的心跳和呼吸情况做出判断，判断其是否处于“假死”状态。如果伤者处于“假死”状态，心跳和呼吸停止，全身组织处于严重缺氧状态，情况非常危险，需要用简单有效的方法快速判断伤者状况，马上进入抢救阶段。

具体的诊断方法如下：将伤者迅速移动至安全、明亮、安静、通风、干燥、平坦、结实的平地上，除去安全头盔、眼镜、耳塞等附件，让伤者仰卧在平地上，头部不能高于胸部。抢救人员蹲下或跪在伤者的侧面，以便观察伤者面部、胸部的状况，做出正确的处理，如图 1-8 所示。

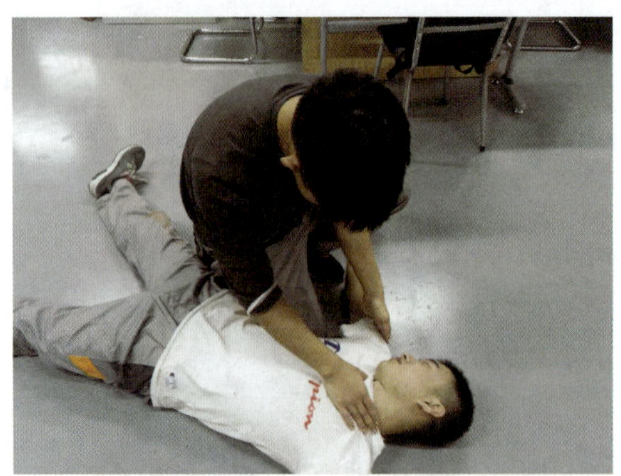

图 1-8　判断伤者状况

1）判断是否有意识

伤者如出现闭目不语、昏迷、神志不清的情况，立即大声呼叫伤者姓名同时轻拍其身体（时间不超过 5 s），从患者的身体动作、言语反应等判断伤者是否丧失意识。严禁摇晃伤者头部和身体。如果有反应，说明伤者有意识，状况较好。若无任何反应，说明伤者已丧失意识。

2）判断是否有呼吸

抢救人员仔细观察伤者胸部和腹部是否随呼吸而起伏运动。将纸片或手放在伤者的鼻孔前，观察是否有呼吸的气流吹动纸片或手指有无感到气流。也可以用耳朵贴近伤者的口、鼻，细听是否有微弱的呼吸声。如果没有观察到呼吸的迹象，说明伤者呼吸已经停止。

3）判断是否有心跳

心脏跳动时肯定有脉搏，颈动脉是人体的大动脉，位置又浅，用手触摸可以感觉到它的搏动，所以常常把颈动脉的搏动作为判断是否有心跳的依据。非医务人员判断时，只要判断为意识丧失和呼吸停止即可认定心跳已停止。

（3）对症处理

判断伤者状况后，按以下方法分别处理：

1）伤者神志清醒，但有无力、头昏、心悸、出虚汗、恶心或呕吐等症状时，应让其就地安静休息，减轻心脏负担，恢复身体机能；如果伤者感到无力支撑，状况严重时，应立即送往医院就医。如接触高压电，伤者接触电源处会留有电灼伤口，同时因电流通过人体组织，伤口可能不止一处，需要检查找出全身伤口，有出血的应加压止血，对骨折的伤口，特别是开放性骨折的伤口，需注意不要强行回纳或者复位，取伤者不感到疼痛的功能位置给予固定即可，同时呼叫 120 将其送往医院就医。

2）伤者有呼吸也有心跳，但是处于昏迷、神志不清状态时，目击者应立即呼叫120，将伤者仰卧在平地上，保持周围安静、空气通畅，注意为伤者身体保暖。送院途中还要严密观察伤者，做好心肺复苏的准备工作。如果出现心跳、呼吸停止状况，需要立即施以心肺复苏术进行急救。

3）伤者无呼吸无心跳时，除了呼叫120前来急救外，应立即对伤者进行心肺复苏，即胸外按压及人工呼吸。胸外按压的位置在人体双乳头连线的中点，大概在胸骨的中下三分之一位置。检修工作中的触电伤者一般没有基础疾病，多为青壮年，及时抢救成功率较高，所以在把伤者放置安全场所之后应立即持续抢救直至专业救护人员到达。

【视频】
触电急救

### 3. 自动体外除颤仪的使用

触电患者恶性心律失常初期心律多为室颤，及时除颤抢救成功率较高，自动体外除颤仪（AED）是专门设计用于实施电除颤的设备（见图1-9），该设备使用方法如下：

（1）启动除颤仪。

（2）将两个电极片按照图1-10所示粘贴于合适位置。

（3）连接电极片与除颤仪。

（4）除颤仪会自动分析心律，如需要除颤，会语音提示并开始充电，操作人员等待充电完毕，开始放电前应大声嘱咐其他人员离开病人，然后进行放电除颤。

（5）操作完毕直接开始心肺复苏，从胸外按压开始。

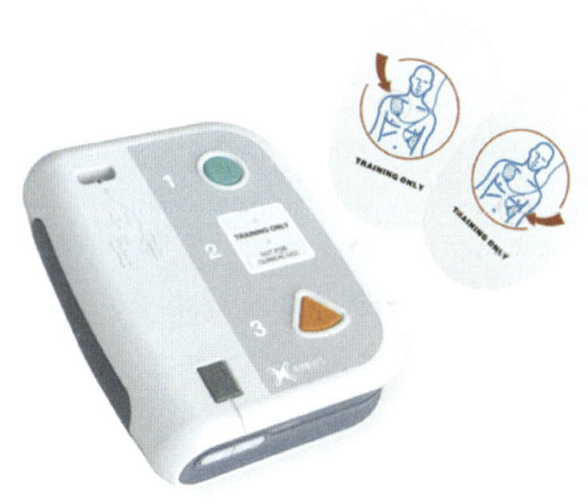

图1-9　自动体外除颤仪

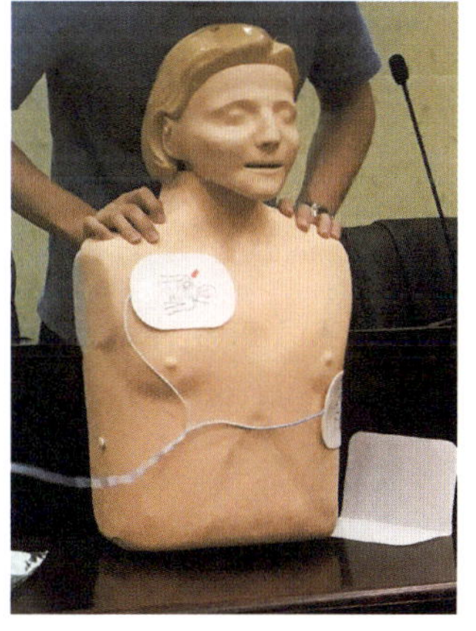
图1-10　自动体外除颤仪的使用

### 4. 心肺复苏术

（1）人工呼吸

触电后受伤者如无自主呼吸，必须采取人工呼吸进行抢救，人工呼吸就是用抢救人员人工操作来代替原来伤者肺的自主呼吸，使新鲜空气有节律地进入和排出肺部，供给体内充足的氧气，充分排出二氧化碳，维持正常的通气功能。

人工呼吸方法主要分为口对口呼吸法和口对鼻呼吸法，目前认为口对口呼吸法效果最好，具体操作如下（见图 1-11）：

1）准备。将伤者平躺仰卧，头略向后仰，解开衣领，松开紧身衣服，放松裤带，以免衣服影响人工呼吸时胸廓的自然扩张。然后将伤者的头偏向一侧，用手打开其嘴，用手指清除口中的假牙、血块、呕吐物及其他异物，使其呼吸道畅通。

2）摆正姿势。摆正伤者头部，抢救人员跪在伤者的一侧，一手放在其额头向下压，另一手抬其下巴，使下颌部与耳垂的连线与地面基本成 90°，将其头部充分后仰，使呼吸气道充分打开，解除舌下坠导致呼吸道梗阻的危险。

3）吹气。抢救人员深深吸一大口气，一手捏紧伤者的鼻子，用嘴紧贴伤者的嘴，尽可能用嘴完全地包住伤者的嘴巴，大口将气体吹入伤者的体内，同时眼睛要注视伤者的胸廓，稍有隆起即可。

4）吹气停止。吹气停止后，抢救人员头稍侧转，立即放开捏住伤者鼻子的手，使气体排出肺部，让伤者自主完成一次呼气过程，抢救人员倾听呼气的声音，观察有无呼吸道梗阻。

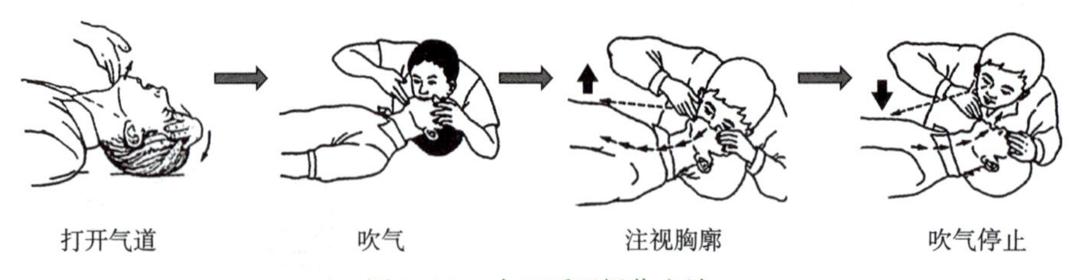


图 1-11　人工呼吸操作方法

**【提示】**

每次吹气时不应太快，一般持续 2 s 左右。在进行下一次人工呼吸之前，应先确保上一次吹入的气体已彻底呼出。每分钟吹气 10 次左右，进行约 5 个循环。

5）口对鼻人工呼吸。如遇到伤者牙关紧闭，嘴唇始终无法张开的情况，可以改用口对鼻人工呼吸，操作方法与口对口相同。抢救人员的嘴对准伤者的鼻孔吹气，吹气压力应稍大，时间也需稍长，以利于足够的空气进入体内。

人工呼吸时要注意：

1）口对口吹气的压力要正确，刚开始时吹气力度略大，频率略快一些，经过

10～20 次后减少吹气压力，维持胸廓轻度扩张即可。

2）对幼儿吹气时，不能捏紧鼻孔，应让其自然漏气，防止吹气压力过高；抢救幼儿时吹气的力度仅用颊部力量即可。

3）人工呼吸时，吹气时间宜短，约占一次呼吸周期的三分之一，但是也不能过短，以免降低通气效果。

（2）胸外按压

触电后受伤者如无心跳，必须采取胸外按压进行抢救。胸外按压是指有节律地以手对心脏进行按压，用人工的方法代替心脏的自然收缩，从而达到维持血液循环的目的。此法简单易学，效果好，不需要设备，易于就地抢救和普及推广。

1）操作步骤（见图 1-12）

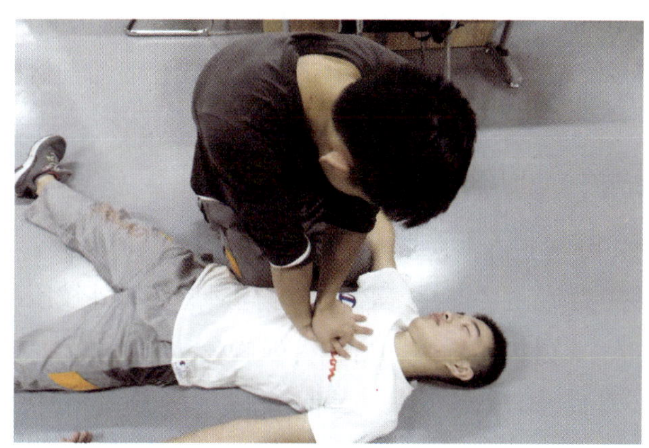

图 1-12 胸外按压操作方法

①让伤者仰卧在平地上，保证按压效果。

②抢救者跪在伤者胸部的一侧。

③抢救者以一手掌根部位按于伤者胸下二分之一处，即中指指尖对准伤者颈部凹陷的下缘，沿胸一手掌，掌根即为“压区”。

④抢救人员的另一只手压在该手的手背上，手指向上方翘起，肘关节伸直，依靠体重和臂膀、肩部肌肉的力量，垂直用力向下按压，向脊柱方向压迫胸骨下段，使胸骨下段与其相连的肋骨下陷 14～15 cm，间接压迫心脏，使心脏内血液搏出，形成血液循环。

⑤按压后突然放松（注意掌根不能离开胸壁），依靠胸廓肌肉的弹性使胸部复位，此时，心脏舒张，大静脉内的血液回流到心脏。

⑥按照上述步骤，连续操作每分钟不低于 100 次，每秒至少进行一次按压。

2）注意事项 体外人工心脏按压操作是抢救伤者生命的重要措施，在实施过程中一定要操作正确且达到效果，注意事项如下：

①按压时手掌根部的位置要正确，一定要在胸骨下二分之一处的压区内，接触胸骨应只限于手掌根部，手掌不能平放，手指向上与肋骨保持一定距离。

②用力一定要垂直于伤者胸部，按压要有节奏，有一定的冲击性。为了提高心脏按压效果，应增加按压频率，最好每分钟按压达 100～120 次。

③对幼儿只能用一个手掌，按压频率应稍快。

④由于老年人骨质较脆且胸廓缺少弹性，按压时容易发生肋骨骨折，按压心脏时应注意把握力度。

⑤按压时间与放松时间应大致相同。

在抢救初期，有经验的抢救人员也可以采用叩击心前区的方法促使心脏恢复跳动。一旦发现触电者心搏骤停，立即让伤者仰卧在平整、干燥、坚硬的地面上，不能在柔软、有弹性的床上进行心前叩击。具体操作如下：除去过厚、过重的衣物或附属品，抢救人员右手握拳，拳心向下，快速从 20～30 cm 的高度猛击伤者心前区胸骨下三分之一处，连续叩击 2～3 次，若伤者颈动脉出现搏动，说明心脏复苏有效；若无效，应立即进行胸外按压。此方法不能用于婴幼儿。

（3）同时进行胸外按压和人工呼吸

如果触电者心跳、呼吸全部停止，必须立即同时进行胸外按压和口对口人工呼吸。抢救人员有 2 人时，一人做人工呼吸，另一人做胸外按压，每按压心脏 30 次，进行 2 次人工呼吸。抢救人员只有一人时，也必须同时进行胸外按压和口对口人工呼吸，先做人工呼吸，快速而连续地深吸气，向伤者肺内吹 2 次，再按压心脏 30 次，反复进行这 2 项操作，不能停止。每间隔 5 min 检查一次心肺复苏效果，每次检查不超过 5 s。为了达到抢救效果，无论是人工呼吸还是胸外按压都会极大消耗抢救人员的体力，在抢救现场，抢救人员轮流上场抢救能取得更好的效果。

采用心肺复苏术抢救伤者往往时间很长，抢救中不能中断，抢救人员一定要坚持不怕疲劳和连续作战的精神，持续施救。触电者在持续的心肺复苏术帮助下，若面色转红，口唇潮红，瞳孔缩小，四肢慢慢活动，渐渐恢复心跳和呼吸，可以暂停数秒进行观察。如果心跳呼吸不能自主维持，必须继续抢救，决不能贸然放弃，抢救人员不能因为疲劳就随意停止抢救，应坚持到专业救护人员到现场接替抢救。

终止心肺复苏术是一项医学决定，只能由医务人员对伤者的脑功能和心血管状况进行正确评估后才能做出判断，其他任何人都不能做出终止心肺复苏术的决定。

### 5. 外伤急救

人体遭受电击时往往毫无防备，不仅电流进入身体、流出身体的部位有电灼伤、烧

伤的伤口，而且容易引起失衡摔倒等二次事故。身体接触两电极间的温度高达 1 000 ℃以上，与电极连接的部位会出现严重烧伤，损伤往往深达肌肉、骨骼，处理较为复杂。在抢救现场，抢救人员要用干净的布、纸进行简单包扎，减少污染，以利于接下来的治疗。

人体摔倒时往往会导致脑震荡、颅底骨折、四肢和躯体骨折等外伤，在保证生命体征的紧急抢救后，应送医院就诊治疗。

## 思考与练习

1. 新能源汽车中哪些部件属于高压部件？
2. 简述造成人体触电的主要因素。
3. 简述人体触电后急救的基本方法。
4. 如何进行口对口人工呼吸？

# 技能实训 1　触电急救

| 实训内容 | 触电急救 | 日期 | | 成绩 | |
|---|---|---|---|---|---|
| 学生姓名 | | 学号 | | 班级 | |

## 一、实训目标

1. 能描述人体触电后急救的基本知识。
2. 能正确处理触电事故。
3. 能完成心肺复苏急救。

## 二、实训内容

查阅相关资料并进行小组讨论，将表格填写完整。

1. 小组分工

| 操作员 | | 记录员 | |
|---|---|---|---|
| 监护员 | | 展示员 | |

2. 判断触电者的身体状况

| 项目 | 判断方法 |
|---|---|
| 判断是否有意识 | |
| 判断是否有呼吸 | |
| 判断是否有心跳 | |

3. 触电急救

（1）除颤仪的使用

| 项目 | 注意事项 | 操作要求 |
| --- | --- | --- |
| 充电 | | |
| 放电 | | |

（2）人工呼吸

| | 项目 | 注意事项 | 操作要求 |
| --- | --- | --- | --- |
| 口对口人工呼吸 | 准备 | | |
| | 摆正姿势 | | |
| | 吹气 | | |
| | 吹气停止 | | |
| 口对鼻人工呼吸 | | | |

（3）胸外按压

| 项目 | 注意事项 | 操作要求 |
| --- | --- | --- |
| 准备 | | |
| 选择按压区 | | |
| 按压 | | |
| 放松 | | |

## 三、检验与评估

1. 小组互评

其余小组根据展示小组代表阐述的本组任务实施过程进行评价，并记录评价结果。

| 序号 | 评价标准 | 各组评价结果 |
| --- | --- | --- |
| 1 | 任务目标制定合理恰当 | |
| 2 | 任务过程表述清晰明确 | |
| 3 | 任务结果符合实际情况 | |
| 4 | 任务计划切实有效执行 | |
| 5 | 任务体会感受情感真实 | |
| 综合评价 | | |

2. 组内互评

组长：________________ 组号：________________

| 姓名 | | | | | | | | | | |
|---|---|---|---|---|---|---|---|---|---|---|
| 分工 | | | | | | | | | | |
| 评价 | | | | | | | | | | |

注：评价采用 5 分制。

3. 自我反思和自我评价

根据在课堂中的实际表现，自行填写。

| 自我反思 | |
|---|---|
| 自我评价 | |

## 四、实训考核

考核标准表

| 项目 | 评分标准 | 分值 | 得分 |
|---|---|---|---|
| 工作任务接收 | 正确接收并理解工作任务要求 | 10 | |
| 资料收集 | 熟知无心跳、无呼吸伤者的急救措施 | 10 | |
| 计划制订 | 按规范作业要求确定除颤仪除颤、人工呼吸、胸外按压三种急救措施的操作步骤，并明确小组成员分工 | 15 | |
| 计划实施 | 能熟练完成除颤仪除颤 | 15 | |
| | 能熟练完成人工呼吸 | 15 | |
| | 能熟练完成胸外按压 | 15 | |
| 质量检查 | 任务完成良好，操作过程规范 | 10 | |
| 评价反馈 | 能根据自身及队友表现进行客观评价 | 5 | |
| | 能在任务实施过程中发现自身及队友的问题 | 5 | |
| 合计 | | 100 | |

# 模块二
# 新能源汽车高压电绝缘用具及其使用

## 学习目标

1. 了解高压电绝缘用具的分类。
2. 掌握高压电绝缘用具的作用。
3. 能够正确使用基本绝缘安全用具。
4. 能够检查并穿戴辅助绝缘安全用具。

**●任务描述：**

小张是北汽新能源 4S 店一名修理技师，现接到一辆北汽 EV160 纯电动汽车送店修理工作任务，用户反映该车不能上电。小张安排新员工小王进行修车前场地、车辆初步检查。

想一想，小张检查前应该做好哪些安全防护措施才能对车辆实施初检？

**●任务分析：**

传统燃油汽车的工作电压为 12 V，而新能源汽车的工作电压有上百伏，考虑到人体所能承受的安全电压为 36 V，若按照传统燃油汽车的检查方法初步检查汽车，

可能会造成触电事故，引发意外伤害，因此新能源汽车在维修前必须正确检查并穿戴辅助绝缘安全用具，维修中正确使用基本绝缘安全用具，提前了解高压电绝缘用具的作用、使用方法和操作要点。

## 相关理论

新能源汽车维修中提到的高压电安全防护工具主要是指高压电绝缘用具，高压电绝缘用具是用来防止操作人员直接触电的用具，包括基本绝缘安全用具和辅助绝缘安全用具两类，如图 2-1 所示。

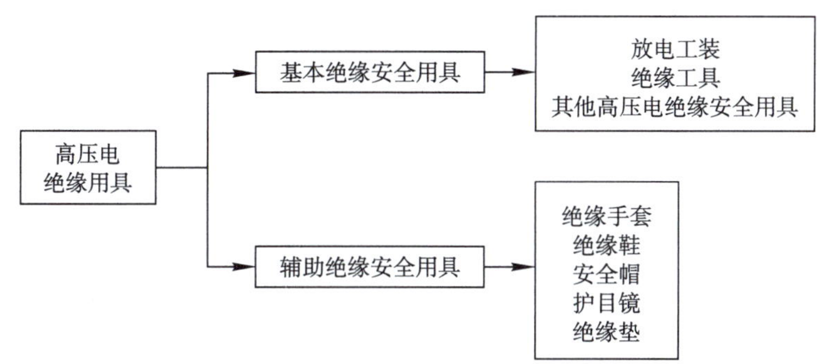


图 2-1 高压电绝缘用具的分类

### 一、基本绝缘安全用具

基本绝缘安全用具是指能直接操作带电设备、接触或可能接触带电体的工器具，其绝缘强度能够长期承受工作电压，并且在该电压等级的系统产生内部过电压时，能确保操作人员的人身安全。新能源汽车基本绝缘安全用具主要有放电工装、绝缘工具、警示牌、隔离带、隔离栏等。

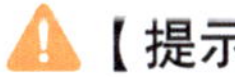
【提示】

基本绝缘安全用具在使用时必须配合辅助绝缘安全用具，即操作人员必须佩戴绝缘手套、绝缘鞋、安全帽、护目镜，在新能源汽车维修地点应使用绝缘垫等。

#### 1. 放电工装

维修新能源汽车时，虽然对电气设备进行了断电处理，但某些高压负载可能存在残余电量，放电工装即用于对电气设备检修时断电后残余电荷的释放。放电工装的结构如

图 2-2 所示，主要由测试笔、连接线、指示灯组成。

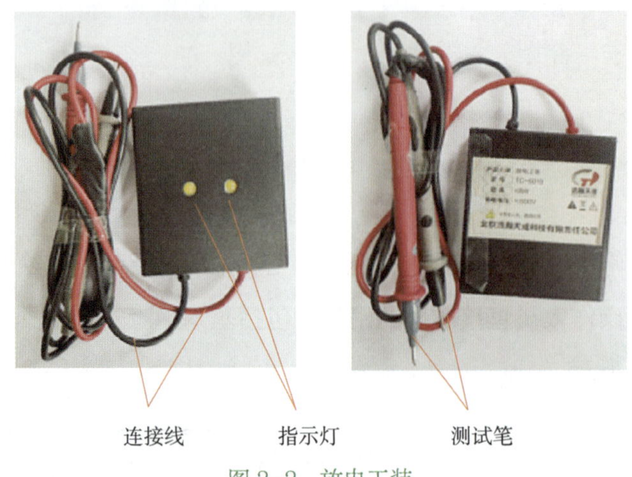


图 2-2　放电工装

放电工装的参数见表 2-1。

表 2-1　放电工装的参数

| 工具名称 | 产品型号 | 功率损耗 /W | 放电电压 /V | 放电电阻 /kΩ | 电阻精度 |
| --- | --- | --- | --- | --- | --- |
| 放电工装 | TC-6010 | <8 | ≤600 | 100 | ±5% |

放电工装的电路原理如图 2-3 所示。当放电工装的 1 号测试笔和 2 号测试笔分别接触带电负载两端时，如 1 号测试笔接正极，2 号测试笔接负极，若负载中有残余电荷，则二极管 VD1 会闪亮；反之，若放电工装 2 号测试笔接正极，1 号测试笔接负极，则二极管 VD2 会闪亮。因电路中串联有较大电阻，故放电工装两测试笔接触带电负载两端时，会消耗负载内电荷，二极管指示灯会随着电荷的释放亮度由明逐渐变暗，待负载内电荷释放结束，指示灯熄灭。

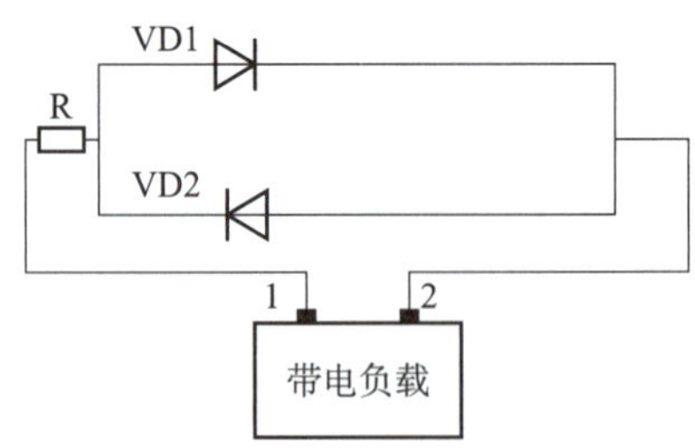


图 2-3　放电工装的电路原理

放电工装的使用方法如下：

（1）检查放电工装外观，确认连接线及测试笔是否正常，应无损伤、破损及表笔折断现象，如图 2-4 所示。

图 2-4　放电工装的外观检查

（2）检查放电工装的参数规格，确认放电电压是否合适。

（3）进行功能测试。将放电工装红、黑测试笔分别对准低压辅助蓄电池正、负极接线柱，保证测试笔接触良好，此时指示灯应闪亮，如图 2-5 所示。

图 2-5　放电工装的功能测试

（4）将放电工装红、黑测试笔分别对准负载的两个接线柱，若有电荷通过，则放电工装测试灯会亮起，直到测试灯熄灭，完成放电，如图 2-6 所示。

图 2-6　放电工装的使用

放电工装的使用注意事项如下：

（1）放电完毕时，必须再次验电，保证放电有效。

（2）使用放电工装时应注意轻拿轻放，有序操作。

（3）严禁长时间对低压蓄电池进行放电操作，会造成低压蓄电池亏电现象。

## 2. 绝缘工具

新能源汽车维修中进行涉及高压部件的拆装时需要使用绝缘工具，确保操作人员人身安全。各维修企业可依据需要购置不同规格和款式的绝缘工具套装。

图 2-7 所示为常见绝缘工具套装。

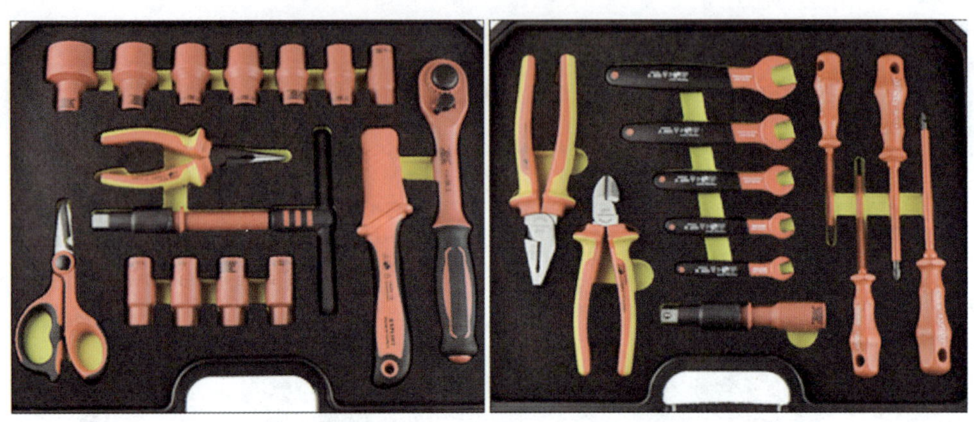

图 2-7　常见绝缘工具套装

新能源汽车维修绝缘工具与常规非绝缘工具在使用方法上相同。绝缘工具表面通常采用醒目的双色手柄，且胶柄必须采用耐高压、耐燃材质制造。两种工具的对比如图 2-8 所示。

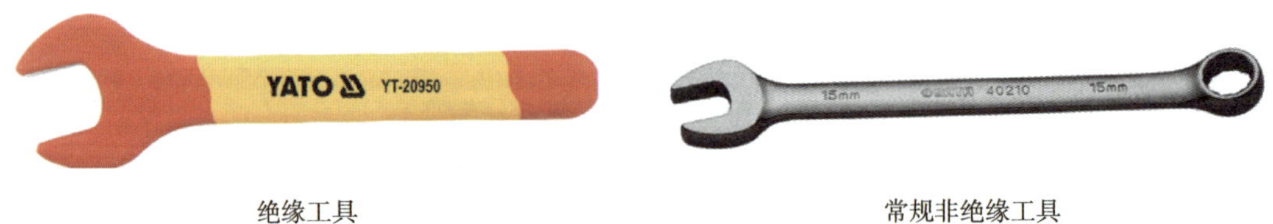


绝缘工具　　常规非绝缘工具

图 2-8　绝缘工具与常规非绝缘工具对比

新能源汽车维修前应注意选用适当种类和规格的绝缘工具，在使用中需注意以下几点：

（1）选用新能源汽车维修绝缘工具时，应选择符合《带电作业工具、装置和设备预防性试验规程》（DL/T 976—2017）标准的产品，或选用具有世界范围权威品质认证标识（如德国电气工程师协会 VDE 认证标识），且经过高压测试，耐压等级符合《带电工

作－交流 1 000 V 和直流 1 500 V 以下带电工作用手持工具》（IEC 60900）1 000 V 安全规范的合格产品，如图 2-9 所示。

（2）应分类放置绝缘工具，且排放整齐。

（3）带电作业时，手不可触及绝缘工具的金属部分，以免发生触电事故。

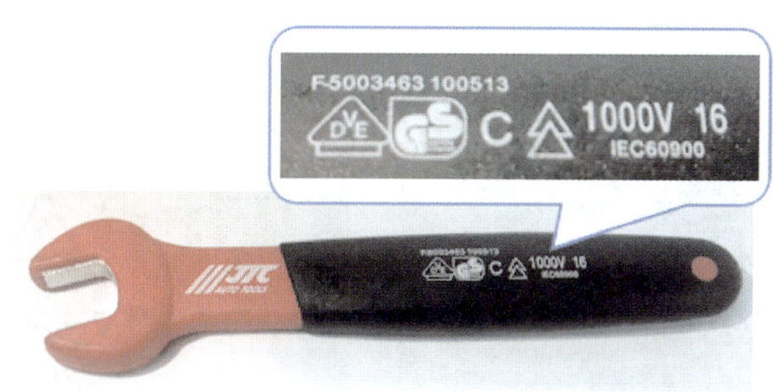


图 2-9 绝缘工具的标识

### 3. 其他绝缘安全用具

（1）安全警示标志

新能源汽车上存在高压电，在维修操作时需要专业人员进行操作，并在高压部件周围放置明显的安全警示标志。放置安全警示标志的作用是确保其他人员人身安全，避免他人未经允许或在不知情的情况下触碰高压部件而发生危险。在仪表附近也应摆放禁止合闸的安全警示标志，避免其他人员误上电而对操作人员造成危险。安全警示标志应符合《安全标志及其使用导则》（GB 2894—2008）的有关要求。

高压电常见安全警示标志如图 2-10 所示。

图 2-10 高压电常见安全警示标志

（2）隔离带、隔离栏

维修新能源汽车时，在工位周围必须布置有明显警示颜色的隔离带或隔离栏，防止车辆维修时无关人员靠近而影响维修操作，或因进入高电压作业工位而发生危险。隔离带和隔离栏的使用如图 2-11 和图 2-12 所示。

【提示】

设置隔离带或隔离栏时，建议在车辆前、后、左、右均留有 1～1.5 m 的距离，以便给维修作业人员留有充足的作业空间。

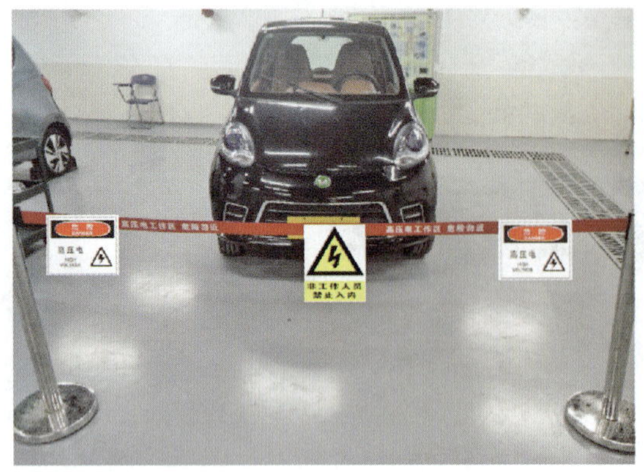

图 2-11　隔离带的使用

图 2-12　隔离栏的使用

（3）绝缘胶带

绝缘胶带是新能源汽车维修中使用的用于防止漏电、起绝缘作用的胶带，又称绝缘胶布、胶布带，主要用来对导线接头、绝缘破损、电线接驳、电气绝缘等做防护。绝缘胶带的颜色通常为黑色、红色、黄色等，如图 2-13 所示。各使用单位可根据现有情况选用，建议采用醒目的黄色或红色，以区别新能源汽车上电缆或线束的颜色。

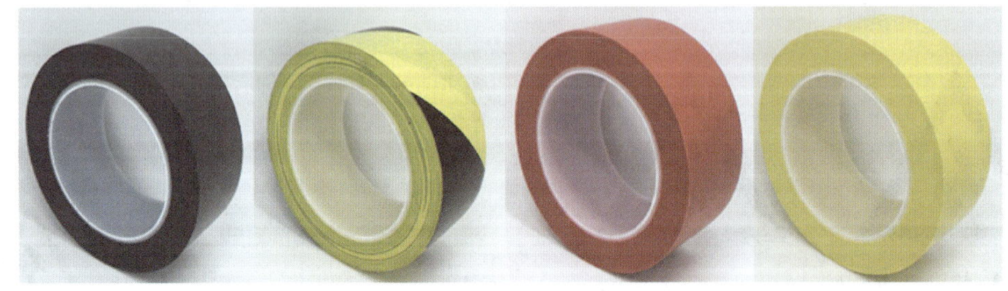

图 2-13　绝缘胶带

绝缘胶带采用软聚氯乙烯（PVC）薄膜为基材，涂橡胶型压敏胶制而成，具有良好的绝缘、耐高温、耐磨、耐寒等特性。其使用非常方便，用后可用手撕断。新能源汽车维修中有高、低压电线或端子裸露时，必须使用绝缘胶布将裸露部分包住，在拆下高压负载后，也需使用绝缘胶带覆盖高压负载端口。绝缘胶带的宽度、长度、厚度有多种规格，使用中可依据具体位置酌情选用。图 2-14 所示为绝缘胶带在低压辅助蓄电池负极接线柱和高压负载两端的应用。

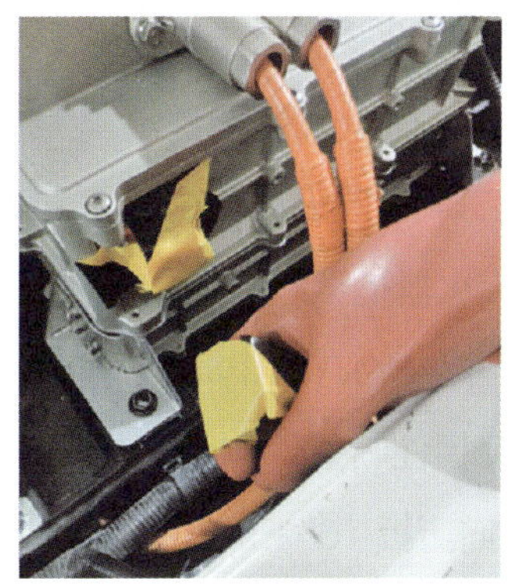

图 2-14　绝缘胶带的应用

绝缘胶带使用时应注意以下几点：

1）使用时，首先要确保操作人员的手部、胶带本身、需要包护的部位及其附近清洁，防止灰尘、湿气等造成黏结不牢。

2）包缠时，起缠点和收缠点应距需要包护的部位胶带宽度的 2 倍以上。胶带应与导线成 55° 左右倾斜角开始包缠。包缠时，将胶带拉紧，一只手在前缠绕胶带并控制方向，另一只手在后对胶带进行按压，以使胶带与导线粘贴紧密。包缠时后一圈应压叠前一圈带宽的二分之一，直至收缠点。一般至少需要包缠两层。外包缠层最好完全覆盖内包缠层，且缠绕的方向要与内包缠层的方向相反。

3）尽量避免带电时包缠胶带。无法避免时，应由专人监护或采取相应的保护措施。

4）应禁止使用超出保质期的胶带。

5）拆开的胶带不能二次使用。

6）胶带应保管好，存放环境要避免灰尘、油污、潮湿等，以免影响后期使用。

7）绝缘胶带一般只适用于 600 V 以下线路的绝缘。绝缘要求更高时应选用耐压等级更高的产品。

（4）灭火器

常用的灭火器有干粉灭火器和手提式二氧化碳灭火器。干粉灭火器是生活中经常使用的灭火器。新能源汽车着火时，可使用常规的 ABC 干粉灭火器（指能扑灭 A 类、B 类、C 类火的灭火器）进行扑救。这种灭火器多用于油或电路火灾，如果只是动力蓄电池着火，则推荐使用手提式二氧化碳灭火器（见图 2-15）。

图 2-15　手提式二氧化碳灭火器

手提式二氧化碳灭火器具有结构简单、使用方便、灭火速度快、效率好、灭火后不留痕迹等特点，因此在新能源汽车上属于必须配备的随车用具之一。

手提式二氧化碳灭火器的使用方法（见图 2-16）如下：

1）将灭火器提至起火点，站在上风方向。

2）在距燃烧物有效距离内（一般 5 m 左右）放下灭火器，拔出保险销。

3）一手握住喷射管喇叭筒根部手柄，另一只手紧握启闭阀的压把（若没有喷射管，则将喇叭筒向上扳 70°～90°），对准火焰根部喷射。

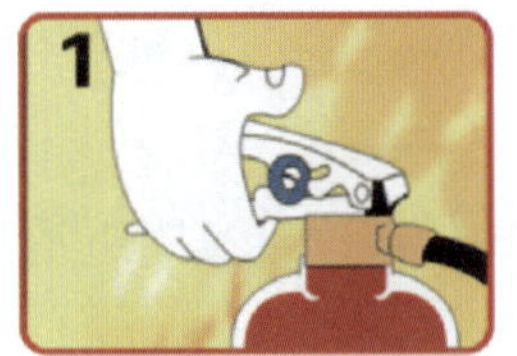

提起灭火器

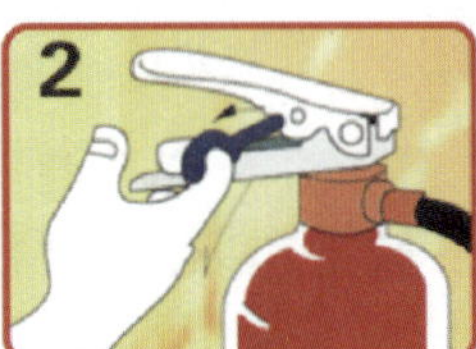

拔出保险销

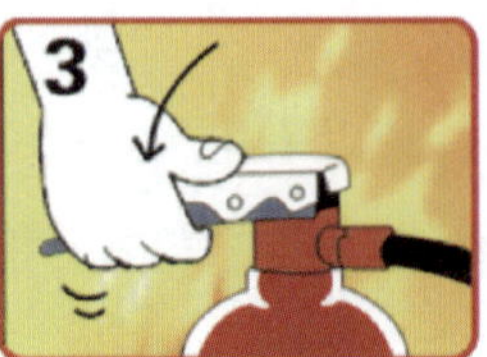

用力压下手柄

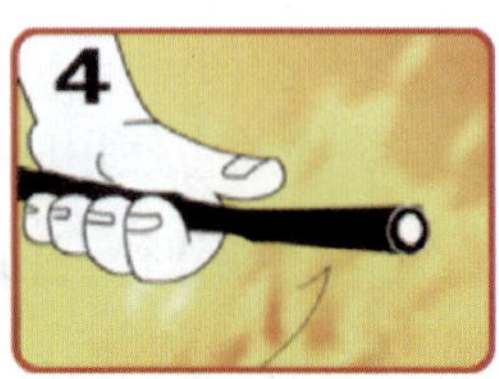

对准火源根部喷射（人站在上风方向）

图 2-16　灭火器的使用方法

手提式二氧化碳灭火器的使用注意事项如下：

1）使用时不能直接用手抓住喇叭筒外壁或金属连接管，防止手被冻伤。

2）在室外使用时，操作者应站在上风方向。

3）在室内窄小空间使用时，喷射后操作者应迅速离开，以防窒息。

新能源汽车发生大面积着火时，持续浇水也同样适用于熄灭动力蓄电池火灾。但是，使用少量的水（如只用一桶）灭火很危险，会加剧动力蓄电池火灾的程度。新能源汽车大面积着火的灭火方法如图 2-17 所示。

图 2-17　新能源汽车大面积着火的灭火方法

（5）非化纤工作服

维修新能源汽车时，必须穿非化纤工作服（见图 2-18），以防止静电。而化纤类工作服会产生静电，并且在发生火灾事故时，化纤会在高温环境下粘连人体皮肤，导致维护人员产生严重的二次伤害。除此之外，工作服设计简单规范，能有效减少衣服卡入车辆缝隙的概率，提高作业安全性。

图 2-18 非化纤工作服

## 知识拓展

### 动力蓄电池电解液泄漏处理用品

#### 1. 硼酸

新能源汽车有两个电池，一个是低压辅助蓄电池，另一个是动力蓄电池，均为化学电池，在使用中可能出现电解液泄漏现象。电解液为有机易挥发性液体，而且有明显的腐蚀性，在维修中若出现少量泄漏，可用硼酸（见图 2-19）中和泄漏的电解液，保护操作人员。处理方法是通过溶解 800 g 硼酸于 20 L 水中，然后将溶液倒在电解液上进行中和。

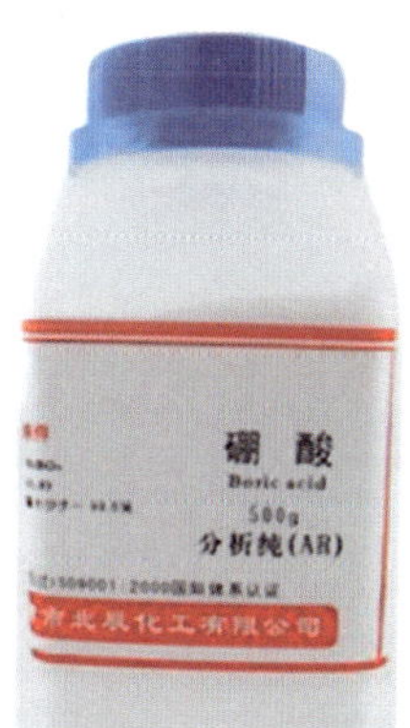


图 2-19 硼酸

#### 2. 红色石蕊试纸

遇到可能溢出电解液的情况时，除了尽早穿好合适的防护装置外，还需利用红色石蕊试纸检验电解液的酸碱性（pH），红色石蕊试纸如图 2-20 所示。

红色石蕊试纸具有遇碱性物质变蓝的特性。pH>8.3 时，试纸变蓝；pH<8.3 时，试纸不变色。红色石蕊试纸的颜色变化如图 2-21 所示。

1
3
5
7
9
11
13
2
4
6
8
10
12
14

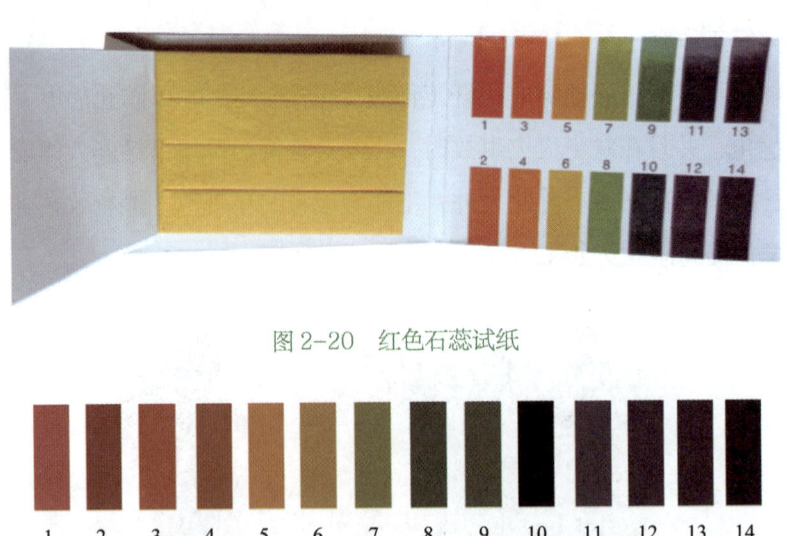

图 2-20　红色石蕊试纸

1
2
3
4
5
6
7
8
9
10
11
12
13
14
中性
酸性增强
碱性增强

图 2-21　红色石蕊试纸的颜色变化

红色石蕊试纸的使用方法是：撕下一片试纸放在玻璃片或表面器皿上，用洁净干燥的玻璃棒蘸取电解液滴于试纸中部，0.5 s 后观察变化稳定后的颜色，与标准色卡对比，判断电解液的性质。如果试纸变为蓝色，溢出的液体需要使用硼酸溶液进行中和，中和完成后，使用石蕊试纸再次检查溢出液，确认试纸颜色是否改变（见图 2-22）。中和完毕后，应使用棉布对残余溶液进行清理。

1
3
5
9
11
13
2
4
6
10
12
14

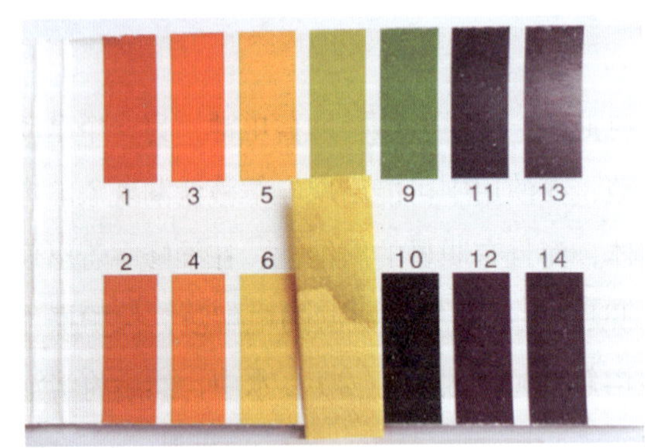

图 2-22　中和合格的电解液滴在石蕊试纸上显示的颜色

红色石蕊试纸遇到氧化性强的物质时，有可能褪色，需保存在避光干燥处。

红色石蕊试纸使用注意事项如下：

1）不可直接将试纸伸入电解液。

2）试纸不可事先用蒸馏水润湿。因为润湿试纸相当于稀释被检验的电解液，会导致测量不准确。

## 二、辅助绝缘安全用具

辅助绝缘安全用具的绝缘强度不能长时间承受电气设备或线路的工作电压，或不能抵御系统中过电压对操作人员人身安全侵害，即用具本身的绝缘不足以抵御工作电压（不可以接触带电体），只能强化基本绝缘安全用具的保护作用，防止接触电压、跨步电压以及电弧灼伤对操作人员的危害。辅助绝缘安全用具是配合基本绝缘安全用具使用的。

新能源汽车辅助绝缘安全用具主要有绝缘手套、绝缘鞋、绝缘安全帽、护目镜、绝缘垫等。

### 1. 绝缘手套

进行拆除和安装高压部件作业时，操作人员需要穿戴绝缘手套（见图 2-23），防止操作人员手部直接接触带电体而遭到电击，起到手部绝缘防护作用。绝缘手套可防电、防水、耐酸碱、防化、防油。

用于新能源汽车维修的绝缘手套通常具有两种独立的性能。其一是具备良好的绝缘性能，在进行涉及高压组件或线路的操作时，橡胶制成的电工绝缘手套能够承受 1 000 V 以上的工作电压。其二是具备抗碱性，当维修工作中接触来自高压动力蓄电池组的氢氧化物等化学物质时，可防止这些物质对人体组织的伤害。

《带电作业用绝缘手套》（GB/T 17622—2008）规定，绝缘手套按照不同电压等级可分为多个级别，在进行新能源汽车维修作业时，选用级别为 0（即直流验证试验电压为 10 kV，最低耐受电压为 20 kV）的绝缘手套即可满足要求。

绝缘手套应符合上述国家标准和《带电作业电器绝缘手套》（IEC 60903—2014）标准的规定。绝缘手套的执行标准、级别、最大使用电压等参数一般印在手套内部或外部。

图 2-24 所示为某品牌的绝缘手套，在手套醒目处标识有执行标准、符合标准、级别、型号和最大使用电压。

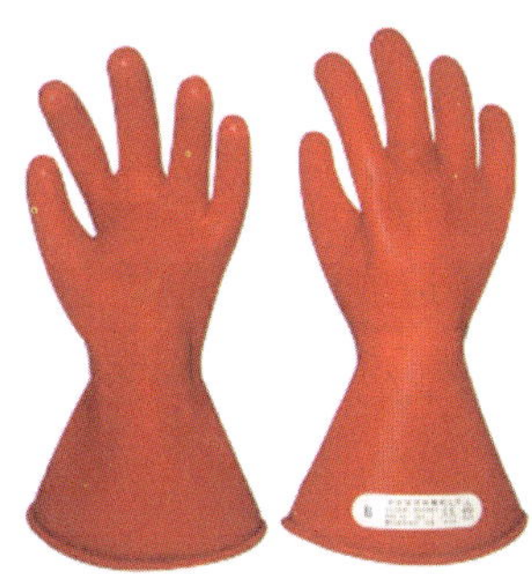

图 2-23　绝缘手套

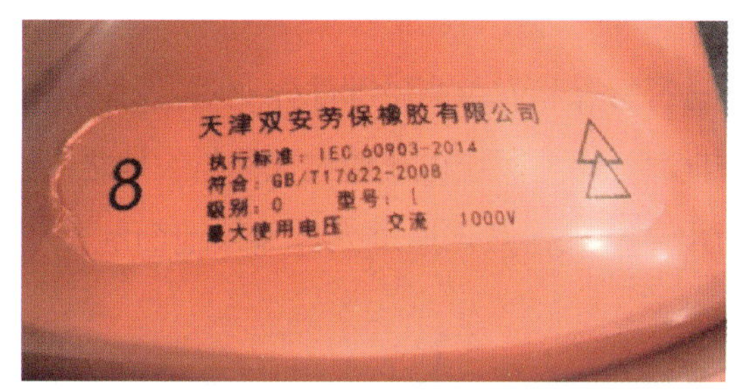



图 2-24　绝缘手套标识

绝缘手套需要定期检验，而且在每次使用前必须进行密封性能检查。检查的方法是向手套内吹入空气或将手套向手指方向卷曲，并保持密闭，当卷到一定程度时，内部体积增大使手套手指部分膨胀，然后观察（或倾听）手套是否有漏气问题，如图 2-25 所示。

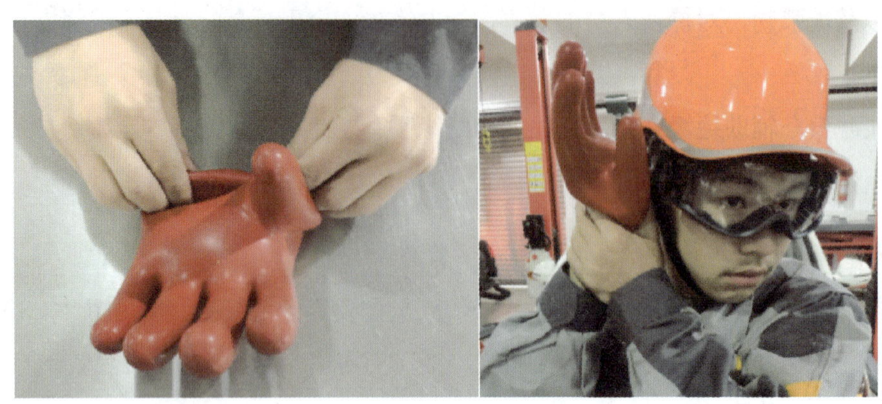

图 2-25　绝缘手套密封性能的检查方法

绝缘手套的使用注意事项：

（1）绝缘手套必须无粘黏、老化、气泡等现象，否则不能使用。

（2）绝缘手套在使用前必须进行充气检验，发现有任何破损都不能使用。

（3）要使用经检验合格并在保质期限内的绝缘手套。

（4）新能源汽车维修作业时，应将衣袖口套入绝缘手套筒口内，以防发生意外。

（5）绝缘手套使用 6 个月后必须进行预防性试验。

（6）绝缘手套使用后，应将内外污物擦洗干净，待干燥后，撒上滑石粉并放置平整，以防受压受损，且勿放于地上。

（7）绝缘手套应储存在干燥通风、室温为 -15 ~ +30 ℃、相对湿度为 50% ~ 80% 的库房中，远离热源，离开地面和墙壁 20 cm 以上，避免受酸、碱、油等腐蚀性物质的影响，不要露天放置，避免阳光直射，勿放于地上。

### 2. 绝缘鞋

进行拆除和安装高压部件作业时，可能会发生触电、漏电的危险，而绝缘鞋可使人体与地面绝缘，防止电流通过人体与大地之间构成回路而对人体造成电击伤害。因为触电时电流是经接触点通过人体流入地面的，所以作业时不仅要戴绝缘手套，还要穿绝缘鞋。

绝缘鞋应达到《个体防护装备职业鞋》（GB 21146—2007）中的各项要求。其电阻值范围应为 100 kΩ ~ 1 000 MΩ，同时还应具有透气性能好、防静电、耐磨、防滑等功

能。新能源汽车维修时可选用耐压等级为 6 kV 的皮绝缘鞋（见图 2-26）或耐压等级为 5 kV 的绝缘布面胶鞋（见图 2-27）。

图 2-26　皮绝缘鞋

图 2-27　绝缘布面胶鞋

绝缘鞋的选择和使用注意事项：

（1）在鞋的帮面或鞋底上应有标准号、电绝缘字样（或英文 EH）、闪电标记和耐压数值。

（2）绝缘鞋上要有制造厂名、鞋名、产品或商标名称、生产日期及电绝缘性能出厂检验合格印章。

（3）绝缘鞋在运输过程中必须有遮盖物以防雨淋，不得与酸碱类或其他腐蚀性物品放在一起。

（4）绝缘鞋注意勿受潮，受潮后严禁使用，一旦受潮，应将其放在通风透气阴凉处自然风干，以免皮鞋变形受损。鞋底被异物刺穿后，不能再作绝缘皮鞋使用。

（5）注意绝缘鞋皮鞋的皮面保养，勤擦鞋油。

（6）绝缘鞋不宜在雨天穿，更不宜水洗，否则容易发生断线、脱胶、脱色、泛盐霜等现象。

（7）绝缘鞋不能与油类、酸性、碱性及尖锐物质等相接触，以防腐蚀、变形、受损。

### 3. 安全帽

安全帽是防物体打击和坠物碰撞的头部防护装置，在车底操作时需戴安全帽。冲击吸收性能、耐穿刺性能、侧向刚性、电绝缘性、阻燃性是安全帽的基本技术性能指标。

新能源汽车维修用安全帽应符合国家标准《安全帽标准》（GB 2811—2007）和 CE 安全认证《工业用安全帽》（EN 397—2012）的要求，具有四项永久性标志：制造厂名；生产日期（年、月）；产品名称（由生产厂命名）；产品的特殊技术性能（如果有）。其中产品特殊技术性能需标明绝缘性能，一般要求能适用于可能接触 400 V 以下三相交流电的工作场所。

安全帽有不同颜色，新能源汽车维修时红色为操作人员佩戴，蓝色为监护人员佩戴，如图 2-28 所示。

操作人员佩戴　　监护人员佩戴

图 2-28　不同颜色的安全帽

安全帽产品按用途分为一般作业类（Y 类）安全帽和特殊作业类（T 类）安全帽两大类，在新能源汽车维修时，应选用 T4（绝缘）类安全帽。

安全帽的佩戴要符合标准，使用要符合规定。如果佩戴和使用不正确，就起不到充分的防护作用。一般应注意以下事项：

（1）戴安全帽前应将帽后调整带按自己头型调整到适合的位置，然后将帽内弹性带系牢。缓冲衬垫的松紧由带子调节，人的头顶和帽体内顶部的空间垂直距离一般在 25～50 mm，以不小于 32 mm 为宜。这样才能保证遭受冲击时，帽体有足够的空间可供缓冲，也有利于头和帽体之间的通风。

（2）不要把安全帽戴歪，也不要将帽檐戴在脑后方，以免降低安全帽对于冲击的防护作用。

（3）安全帽的下领带必须扣在颌下并系牢，松紧要适度。这样不至于被其他障碍物碰掉，或者由于头的前后摆动使安全帽脱落。

（4）安全帽体顶部除了在帽体内部安装帽衬外，有的还开有小孔通风，但在使用时不得为了透气而随意再开孔，以免使帽体的强度降低。

（5）由于安全帽在使用过程中会逐渐损坏，所以要定期检查是否出现龟裂、下凹、裂痕和磨损等情况，发现异常现象要立即更换，不得继续使用。任何受过重击、有裂痕的安全帽，无论有无损坏现象，均应报废。

（6）严禁使用只有下颌带与帽壳连接，也就是帽内无缓冲层的安全帽。

（7）应注意在有效期内使用安全帽。

（8）安全帽不能在有酸、碱或化学试剂污染的环境中存放，不能放置在高温、日晒或潮湿的场所中，以免其老化变质。

## 4. 护目镜

护目镜可防止新能源汽车维修作业中高压部件产生的电火花对眼睛的伤害，也可以防止电解液飞溅引起的损伤，根据侧翼防护设计的不同和防护范围的不同，护目镜有多种结构形状可选，如图 2-29 所示，维修中可根据个人喜好，选择适合自己脸型的规格。

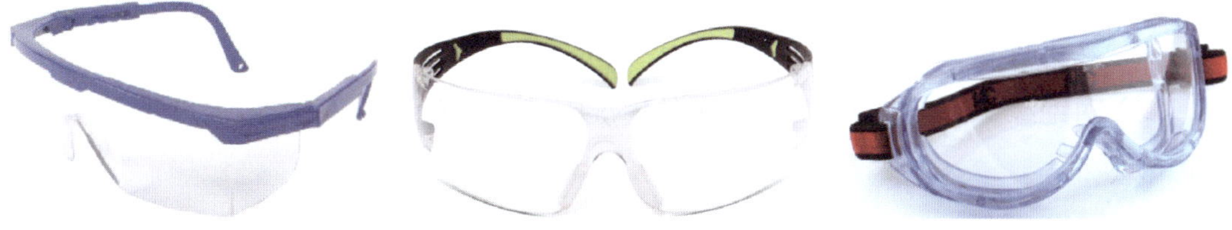

图 2-29　常见护目镜

护目镜的选择和佩戴注意事项：

（1）要选用经产品检验机构检验合格的护目镜。

（2）护目镜的宽窄和大小要适合使用者的脸型。

（3）护目镜镜片磨损粗糙、镜架损坏会影响操作人员的视力，应及时调换。

【视频】
辅助绝缘安全用具的检查与穿戴

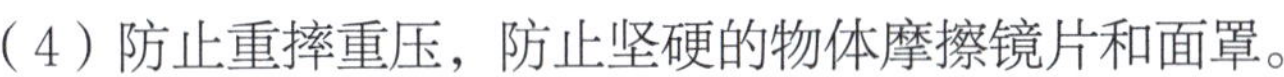

（4）防止重摔重压，防止坚硬的物体摩擦镜片和面罩。

（5）护目镜要专人使用，防止传染眼病。

## 5. 绝缘垫

绝缘垫又称绝缘地胶，是一种具有较大体积电阻率并耐电击穿的胶垫，如图 2-30 所示。绝缘垫用于新能源汽车维修工作场地的地面铺设，起到绝缘效果，如图 2-31 所示。在铺设时注意四周要用宽绝缘胶带粘牢，防止作业中因绝缘垫翘曲造成对维修作业人员不必要的磕绊，引发意外伤害。

图 2-30　绝缘垫

图 2-31　维修场地铺设绝缘垫

绝缘垫主要采用胶类绝缘材料制作，包括天然橡胶（NR）、丁苯橡胶（SBR）和丁基橡胶（IIR）等绝缘性能优良的非极性橡胶。

绝缘垫的选择和使用注意事项：

（1）绝缘垫有不同电压等级，新能源汽车维修选用 5 kV 的即可。

（2）使用前注意对绝缘垫进行检查，每平方米内，面积不大于 1 $cm^2$ 的气泡不能超过 5 个，任意两个气泡间距离不能小于 40 mm。

（3）对绝缘垫外观斑痕或凹凸不平的情况应进行检查，缺陷深度或高度不得超过胶垫厚度公差。

（4）对绝缘垫杂质应进行检查，胶垫厚度与杂质深度之差不得小于 40 mm。

（5）绝缘垫不允许有裂纹。

（6）绝缘垫如有边缘不齐或海绵状的情况，其宽度不得超过 10 mm，长度不得超过胶垫总长的十分之一。

（7）绝缘垫应储存在干燥通风的环境中，远离热源，离开地面和墙壁 20 cm 以上，避免受酸、碱和油的污染，不要露天放置，避免阳光直射。

## 思考与练习

1. 什么是基本绝缘安全用具？
2. 绝缘手套密封性能差可能会产生哪些不良影响？
3. 新能源汽车高压作业前的准备工作有哪些？
4. 简述放电工装的使用注意事项。

# 技能实训 2　新能源汽车高压电绝缘用具的使用

| 实训内容 | 新能源汽车高压电绝缘用具的使用 | 日期 | | 成绩 | |
| --- | --- | --- | --- | --- | --- |
| 学生姓名 | | 学号 | | 班级 | |

## 一、实训目标

1. 能描述高压电绝缘用具的种类及用途。
2. 能使用高压电绝缘用具。

## 二、实训内容

查阅相关资料并进行小组讨论，将表格填写完整。

1. 小组分工

| 操作员 | | 记录员 | |
| --- | --- | --- | --- |
| 监护员 | | 展示员 | |

2. 认识高压电绝缘用具

| 图示 | 名称 | 用途 |
| --- | --- | --- |
| | | |
| | | |
| | | |

续表

| 图示 | 名称 | 用途 |
| --- | --- | --- |
|  | | |
|  | | |
|  | | |

3. 检查高压电绝缘用具

（1）绝缘手套密封性能的检查

| 图示 | 项目 | 结果 |
| --- | --- | --- |
| 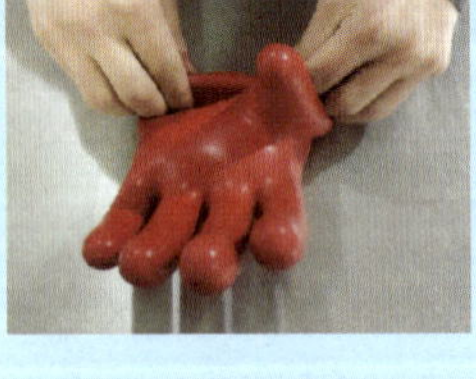 | 绝缘防护电压（kV） | |
| | 外观检查 | □良好　□破损 |
| | 密封性检查方法 | |
| | 检查结果 | □良好　□漏气 |

（2）放电工装的使用

| 图示 | 项目 | 结果 |
| --- | --- | --- |
| | 组成 | |
| | 外观检查 | □良好　□破损 |
| | 功能性测试方法 | |
| | 放电及使用方法 | |
| | 检查结果 | □有电　□无电 |

（3）辅助绝缘用具的外观检查

| 图示 | 项目 | 结果 |
| --- | --- | --- |
| | 检查内容 | |
| | 检查结果 | □良好　□破损 |
| | 检查内容 | |
| | 检查结果 | □良好　□破损 |
| | 检查内容 | |
| | 检查结果 | □良好　□破损 |

续表

| 图示 | 项目 | 结果 |
| --- | --- | --- |
|   | 检查内容 |  |
|  | 检查结果 | □良好　□破损 |

4. 穿戴高压电绝缘用具

| 图示 | 项目 | 说明 |
| --- | --- | --- |
|   | 穿戴注意事项 |  |
|   | 穿戴注意事项 |  |
|   | 佩戴注意事项 |  |
|   | 佩戴注意事项 |  |

续表

| 图示 | 项目 | 说明 |
| --- | --- | --- |
| | 穿戴注意事项 | |

## 三、检验与评估

1. 小组互评

其余小组根据展示小组代表阐述的本组任务实施过程进行评价，并记录评价结果。

| 序号 | 评价标准 | 各组评价结果 |
| --- | --- | --- |
| 1 | 任务目标制定合理恰当 | |
| 2 | 任务过程表述清晰明确 | |
| 3 | 任务结果符合实际情况 | |
| 4 | 任务计划切实有效执行 | |
| 5 | 任务体会感受情感真实 | |
| 综合评价 | | |

2. 组内互评

组长：________________ 组号：________________

| 姓名 | | | | | | | | | | |
| --- | --- | --- | --- | --- | --- | --- | --- | --- | --- | --- |
| 分工 | | | | | | | | | | |
| 评价 | | | | | | | | | | |

注：评价采用 5 分制。

3. 自我反思和自我评价

根据在课堂中的实际表现，自行填写。

| 自我反思 | |
|---|---|
| 自我评价 | |

## 四、实训考核

考核标准表

| 项目 | 评分标准 | 分值 | 得分 |
|---|---|---|---|
| 工作任务接收 | 正确接收并理解工作任务要求 | 10 | |
| 资料收集 | 熟知高压电绝缘用具的种类、作用及使用方法 | 10 | |
| 计划制定 | 按规范作业要求检查、使用、穿戴高压电辅助绝缘用具，明确工作步骤和小组成员分工 | 10 | |
| 计划实施 | 正确描述高压电绝缘用具及其用途 | 10 | |
| | 正确检查绝缘手套的密封性能 | 10 | |
| | 正确使用放电工装 | 10 | |
| | 正确进行辅助绝缘用具的外观检查 | 10 | |
| | 正确穿戴绝缘用具 | 10 | |
| 质量检查 | 任务完成良好，操作过程规范 | 10 | |
| 评价反馈 | 能根据自身及队友表现进行客观评价 | 5 | |
| | 能在任务实施过程中发现自身及队友的问题 | 5 | |
| 合计 | | 100 | |

# 模块三
# 新能源汽车的安全性

## 学习目标

1. 了解动力蓄电池的分类。
2. 掌握各类动力蓄电池的结构及安全防护。
3. 掌握动力蓄电池的安全使用方法。
4. 能正确识别新能源汽车高压部件。
5. 能正确使用绝缘表检测高压部件及线路的绝缘性能。

### ●任务描述：

小强是某综合汽车修理厂一名维修技师，今接到一辆纯电动汽车送店修理工作任务，用户反映该车不能上电。小强利用诊断仪进行检测，初步确认故障存在于动力蓄电池内部。

想一想，小强可以直接打开动力蓄电池进行检查吗？

### ●任务分析：

新能源汽车的高压电来源于动力蓄电池，若不了解动力蓄电池的安全特性而盲目拆卸检查，可能会造成触电事故，严重的会引起电池火灾。因此维修新能源汽车动力蓄电池前必须了解该动力蓄电池的类型及安全防护措施，维修中要准确识别新能源汽车上的高压元器件并做好相应的安全防护措施。

## 相关理论

新能源汽车存在高电压，如果操作不当，将对人体会产生伤害，无论是研发、生产，还是售后技术人员，如果没有正确认识新能源汽车相关高压部件及掌握安全防护措施，就有可能导致严重的高压伤害。在新能源汽车中，动力蓄电池是整车最主要的动力来源，其常见种类主要有锂电池、镍氢电池、燃料电池等。

### 一、锂电池的安全性

目前，锂电池已广泛应用于新能源汽车中，它的安全性能是新能源汽车安全性能最重要的一项指标。

#### 1. 锂电池的安全特性

（1）安全性问题的层次

锂电池系统安全性问题表现为 3 个层次，如图 3-1 所示。

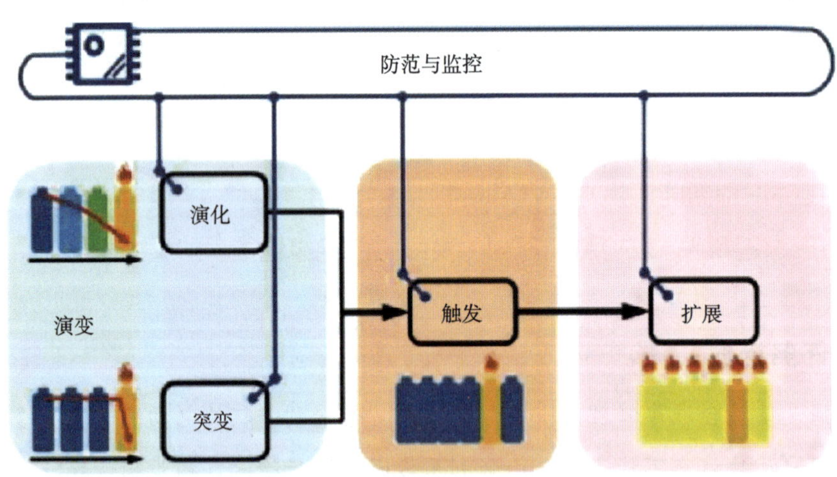


图 3-1　锂电池系统安全性问题的层次

1）演变包括演化和突变，演化即电池系统长期老化，突变即突发事件造成电池系统损坏。

2）触发指锂电池从正常工作到发生热失控与起火燃烧的转折点。

3）扩展指热失控带来的向周围传播的次生危害。

（2）安全性能应满足的条件

对于锂电池安全性能的指标，《电动汽车用锂离子动力蓄电池包和系统　第3部分：安全性要求与测试方法》（GB/T 31467.3—2015）中规定，合格的锂电池在安全性能上应该满足以下条件。

1）短路：不起火，不爆炸。

2）过充电：不起火，不爆炸。

3）热箱试验：不起火，不爆炸（150 ℃恒温 10 min）。

4）针刺：不爆炸（用 $\varphi$3 mm 钉穿透电池）。

5）平板冲击：不起火，不爆炸（10 kg 重物自 1 m 高处砸向电池）。

6）焚烧：不爆炸（煤气火焰烧烤电池）。

## 2. 锂电池的化学伤害

锂电池的外壳多为钢或含镍不锈钢制成，分为圆柱形和方形两种。电池内部为卷式结构，由正极、负极和含锂盐（$LiBF_4$、$LiClO_4$、$LiAsF_6$、$LiCF_3SO_3$ 等锂盐）的有机溶液组成。

正极材料由含锂化合物粉（$LiCoO_2$、$LiNiO_2$、$LiMn_2O_4$）、导电碳粉、黏合剂和铝箔等黏合而成。负极材料由石墨或无定形碳的锂离子嵌入化合物、黏合剂和铜箔黏合而成。锂电池内部含有很多有害的化学物质，危害最大的是电解液。电解液为有机易挥发性液体，而且有明显的腐蚀性，人体长时间吸入其挥发出的气体对呼吸道有损害，易引发呼吸道疾病。

## 3. 锂电池火灾及防护

新能源汽车起火常常是由锂电池引起的，而动力蓄电池起火一般是由于电池内部高温积聚，导致电解液分解产生大量有毒气体，使电池膨胀破裂，含锂元素的物质接触到空气后会发生燃烧。

（1）锂电池火灾的主要原因

电池内部高温积聚引起火灾的原因主要有异物穿刺、外力撞击、内部极板短路、内部进水、过充过放、电池冷却系统故障等。内部极板短路会导致新能源汽车在停驶状态下自燃。

1）异物穿刺（见图 3-2）

锂电池内部的正负极之间有一层隔膜，隔膜的主要作用是防止正负极接触，并且允许离子透过隔膜进行转移。金属异物穿刺会使隔膜破损会直接导致正负电极通过金属异物短路。非金属异物穿刺会破坏隔膜，导致正负极接触引起短路。

图 3-2　异物穿刺

2）外力撞击

外力撞击会导致锂电池内部结构损坏或外壳破损，严重时会导致锂电池的电极暴露在空气中。由于锂电池嵌锂负极具有强还原性，与金属态的锂性质接近，一旦接触空气就会发热冒烟，不及时控制就会起火。图 3-3 所示为一辆特斯拉电动汽车撞上高速公路护栏引起电池自燃的事例。

图 3-3　特斯拉电动汽车撞上高速公路护栏引起电池自燃

被破坏的锂电池除单体发热燃烧外，还会引燃其周围的电池，最终将火灾扩散到其他正常电池。

装有锂电池的新能源汽车在正常行驶过程中应避免动力蓄电池磕底、碰撞等发生。

3）锂电池内部短路

锂电池在使用过程中，由于环境温度、电极特性等因素会产生锂枝晶，锂枝晶累积会破坏隔膜导致正负极短路，使热量聚集引起锂电池自燃，除使用过程中生成锂枝晶导致内部短路外，隔膜出现瑕疵、集流体毛刺等也会破坏隔膜使电池内部短路，从而引发火灾。图 3-4 所示是特斯拉电动汽车动力蓄电池内部短路自燃的事例。

图 3-4　特斯拉电动汽车动力蓄电池内部短路自燃

新能源汽车的锂电池在出厂前都经过严格的检测流程，《电动汽车用动力蓄电池安全要求及试验方法》（GB/T 31485—2015）和《电动汽车用锂离子动力蓄电池包和系统 第 3 部分：安全性要求和测试方法》（GB/T 31467.3—2015）中对单体锂电池、电池模块和电池包的安全测试及要求做出了明确的规定，要求电池短路保护装置起作用，蓄电池系统无泄漏、外壳破裂、着火或爆炸等现象，试验后的绝缘电阻值不小于 100 Ω/V。

4）过充过放

锂电池过度充电会导致电解液发热分解产生气体，气体在密封的电池内部形成压力，导致锂电池膨胀。如果隔膜因膨胀破裂，正负极接触就会导致电池短路并起火。同样，外部大功率过放电也会导致电池内部发热并膨胀，出现与过充类似的破坏过程导致起火。图 3-5 所示为深圳五洲龙纯电动大巴充电时起火的事例。

图 3-5　深圳五洲龙纯电动大巴充电时起火

如果新能源汽车出现故障后不能自动停止充电，就有可能导致过充的情况，使电池包电流输出异常，导致持续大电流放电（未超过熔丝熔断电流），热量会在锂电池内部积累并导致鼓包，从而引发火灾。

《电动汽车用锂离子动力蓄电池包和系统　第3部分：安全性要求和测试方法》（GB/T 31467.3—2015）中对动力蓄电池过充、过放保护的要求是电池管理系统起作用，蓄电池系统无外壳破裂、着火或爆炸等现象，试验后的绝缘电阻值不小于100 Ω/V。

5）内部进水

锂电池的负极嵌锂，锂是一种非常活泼的金属，遇水会发生剧烈的化学反应，将水分解为氢气并放出大量热量引起燃烧。装有锂电池的新能源汽车，如果水进入电池包内部，由于电化学反应使锂电池外壳被逐渐腐蚀，一旦外壳被腐蚀直至露出电极，电极遇水立即出现上述剧烈的化学反应，最终引燃整个电池包。图3-6所示为大巴涉水行驶使锂电池内部进水造成车辆自燃的事例。

图3-6　大巴涉水行驶使锂电池内部进水造成车辆自燃

（2）锂电池火灾的防护

动力蓄电池生产过程中，IEC（国际电工委员会）用指标Ingress Protection（侵入保护）来衡量电池防尘防水性能，标记为IP××，其中第一个×代表防尘（固态）等级，第二个×代表防水（液态）等级。目前使用锂电池的新能源汽车防护级别达到了IP67级及以上，短时间涉水行驶不会引发电池内部进水甚至起火。

（3）锂电池火灾的处理

装有锂电池的新能源汽车起火后，消防部门一般的处理规程如下，作为维修人员也应有所了解。

1）了解和询问　一旦是纯电动汽车起火，消防中心便会询问起火纯电动汽车的品牌和型号，同时调阅新能源汽车资料库，搜索汽车服务手册及随车应急救援手册等材料，了解该车的动力蓄电池种类和容量，以及车辆最高电压、高压线路走向等，甚至会同当地经销商了解相关信息并做好相关准备。

2）防电措施　如果火势刚起，在能够断电的情况下，一定要立刻断电，并且要将车钥匙装入信号屏蔽袋，并将袋子放置到距离车辆 10 m 以外的地方。

如果起火时人员已经逃到车外，则消防员必须拉开 15 m 以上的灭火距离。同时，在防高压电击方面需要格外注意，一定不能使用破拆工具盲目穿透护罩，或者穿刺、切割、撬开、拆卸车辆的任何结构，特别是采用对于防穿刺能力较差的锂电池的车型。到场后，消防员还要戴好绝缘手套。

3）高温及毒气防护　新能源汽车起火时除了要防护高压电，还要注意起火后的高温。传统家用汽油车在起火后燃烧温度大约只有 500 ℃，但动力蓄电池起火，温度高达 1 000 ℃，并且动力蓄电池燃烧后会产生大量有毒气体，如氟化氢、氰化氢等，对于灭火人员的高温防护和毒气防护要求会更高。

4）灭火方法　扑灭动力蓄电池起火不是不用水，而是要用更多的水。例如，查阅特斯拉电动汽车的应急救援手册可以发现：如果火势较小，可以用二氧化碳或 ABC 干粉灭火器；如果火势大，就需要用大量的水，因为动力蓄电池在火灾中会发生弯曲、变形、损坏，如果水量太少，有毒气体就会大量渗出，同时也要注意现场可能引发的漏电情况。此时，车主应尽量远离车身。

5）冒烟监控　动力蓄电池起火后很难被扑灭。许多纯电动汽车应急救援手册都注明了电池着火可能需要 24 h 才能完全扑灭，冒烟表示电池内部仍处于高温状态，必须监控直到电池不再冒烟之后 1 h 以上，防止电池火灾死灰复燃。

装有锂电池的新能源汽车在日常生活中正常使用情况下自燃的概率很低，新能源汽车厂家在研发过程中也会考虑整车撞击后的电池安全问题。当发现新能源汽车电池出现问题时，在保证人身安全的前提下，按照正常的操作流程，首先切断电源，再寻求其他帮助，以最大限度地减少经济损失和降低危害程度。

### 4. 锂电池对环境的危害

锂电池中不含汞、镉、铅等毒害大的重金属元素，因此，常被认为是绿色电池，对环境的污染程度相对较小，但实际上锂电池的正负极材料、电解液等对环境和人体健康还是有很大影响的。美国交通部已将锂电池归类为一种具有包括易燃性、浸出毒性、腐蚀性等有毒有害性的电池，是各类电池中包含有毒有害性物质最多的电池。因此，如将废旧锂电池采取与生活垃圾同样的处理方法（包括填埋、焚烧、堆肥等），其中的钴、镍、锂、锰等金属以及多种无机、有机化合物会对大气、水、土壤造成严重的污染，具有极大的危害性。

废旧锂电池中既有原有组成物质，又有充放电过程中副反应产生的新物质。如废旧锂电池被丢弃在环境中，因各种原因破裂而使电池中的物质进入环境中，会造成环境污染。废旧锂电池中常用组成材料的潜在污染性见表 3-1、表 3-2 和表 3-3。

表 3-1　锂电池电极材料的化学特性与潜在污染性

| 材料种类 | 材料名称 | 主要化学特性 | 可能产生的污染 |
| --- | --- | --- | --- |
| 正极材料 | 钴酸锂 | 与水、酸或氧化剂发生强烈反应，燃烧或受热分解产生有毒的锂、钴氧化物 | 发生化学反应使环境 pH 升高 |
| | 锰酸锂 | 与有机溶剂、还原剂、强氧化剂（过氧化氢、氯酸盐等）、金属粉末等发生反应可产生有毒气体，受热分解产生氧气 | 发生化学反应使环境 pH 升高 |
| | $LiNiO_2$ | 受热分解为 $Li_2O$，NiO 和 $O_2$，遇水、酸发生分解 | 发生化学反应使环境 pH 升高 |
| 负极材料 | 碳材 | 粉尘和空气的混合物遇热源或火源可发生爆炸，可与强氧化剂发生反应，燃烧产生 CO 及 $CO_2$ 气体 | 粉尘污染 |
| | 石墨 | 与强氧化剂（氟、液氯）可发生反应，燃烧产生 CO 及 $CO_2$ 气体 | 粉尘污染 |
| | 金属锂 | 与水作用生成强碱，可自燃，可与氧气、氮气、二氧化碳和酸等物质反应 | 使环境 pH 升高 |

由表 3-1 可知，废旧锂电池的电极材料进入环境中，可与环境中其他物质发生水解、氧化等化学反应。反应产生的重金属离子、强碱和负极碳粉尘将造成重金属污染、碱污染和粉尘污染。

表 3-2　锂电池电解质的化学特性与潜在污染性

| 电解质 | 主要化学特性 | 可能产生的污染 |
| --- | --- | --- |
| 六氟磷酸锂 | 有强腐蚀性，遇水可分解产生 HF，与强氧化剂发生反应，燃烧产生 $P_2O_5$ 等有毒物质 | 氟污染使环境 pH 升高 |
| 四氟硼酸锂 | $LiBF_4$ 具有强腐蚀性，与水、酸发生剧烈反应产生 HF 气体。燃烧或受热分解会产生 $Li_2O$、$B_2O_3$ 等有害物质 | 氟污染使环境 pH 升高 |
| 高氯酸锂 | 与强还原剂硝基甲烷和肼（也称联氨）等物质发生剧烈反应，燃烧后会产生 LiCl、$O_2$ 和 $Cl_2$ | 有毒气体 |

续表

| 电解质 | 主要化学特性 | 可能产生的污染 |
| --- | --- | --- |
| 六氟合砷（V）酸锂 | 溶于水，吸湿性强，与酸反应可产生有毒气体 HF、砷化合物等 | 氟污染、砷污染 |
| 三氟甲磺酸锂 | 燃烧产物为 CO、$CO_2$、$SO_2$、HF，与氧化剂、强酸发生反应产生有毒气体、含磷化合物 | 氟污染、有毒气体 |

表 3-2 表明，废旧锂电池的电解质进入环境中，可发生水解、分解、燃烧等化学反应。反应产生的 HF、含砷化合物和含磷化合物将造成氟污染、砷污染等。

表 3-3　　锂电池溶剂的化学特性与潜在污染性

| 电解质溶剂 | 主要化学特性 | 可能产生的污染 |
| --- | --- | --- |
| 碳酸乙烯酯 | 与酸、碱、强氧化剂、还原剂发生反应，水解产生醛和酸，燃烧可产生 CO、$CO_2$ | 醛、有机酸污染 |
| 碳酸丙烯酯 | 与水、空气、强氧化剂反应，燃烧产生 CO、$CO_2$。受热分解会产生醛和酮等有害气体，引燃可引起爆炸 | 醛、酮有机物污染 |
| 二甲基碳酸酯 | 与水、强氧化剂、强酸、强碱和强还原物质发生剧烈反应，水解可生成甲醇，燃烧产生 CO、$CO_2$ | 甲醇等有机物污染 |
| 二乙基碳酸酯 | 与水、强氧化剂、强酸、强碱和强还原物质发生剧烈反应，燃烧产生 CO、$CO_2$ | 醇等有机物污染 |
| 二甲氧基乙烷 | 与水、强碱、强氧化还原剂发生反应，易燃、易爆，见光或受热易形成爆炸性的过氧化物 | 甲醇等有机物污染 |
| 二乙氧基乙烷 | 易燃、易爆，见火、见光或受热易形成爆炸性的过氧化物，与强酸、强氧化剂发生剧烈反应 | 醇等有机物污染 |
| 甲基乙基碳酸酯 | 与水、强酸、强碱、强氧化剂发生反应，水解产物有甲醇，可燃 | 甲醇等有机物污染 |
| 醋酸乙酯 | 与氯磺酸、氢化铝锂、发烟硫酸等物质反应，遇水或受潮会分解，遇火、受热会发生燃烧，分解会产生 CO 等有毒气体 | 有机酸污染 |
| 甲酯丙炔酸 | 与碱、强氧化剂反应，燃烧产生 CO、$CO_2$ | 甲酸有机污染物 |
| 1,4- 丁内酯 | 与强氧化剂、强酸、强碱会发生剧烈反应，燃烧产生 CO、$CO_2$、NO 等有害气体 | 醇酸有机物污染 |

表 3-3 显示，废旧锂电池的溶剂可发生水解、燃烧分解等化学反应。反应生成的甲醛、甲醇、乙醛、乙醇、甲酸等小分子有机物都易溶于水，将造成水源污染。

锂电池在使用过程中因副反应会产生一些有害物质，如溶剂分解产物丙烯、乙二醇、乙烯、乙醇等，电解质与正极电极作用的副产物 HF、LiF、$(CH_2OCO_2Li)_2$、$CH_3OCO_2Li$、$CH_4$、CO、$CH_3OH$ 等，这些有害物质都可直接或间接造成环境污染。

## 二、镍氢电池的安全性

镍氢电池是早期主流动力蓄电池的一种类型，于 20 世纪 90 年代后期逐渐发展起来，以丰田普锐斯为代表的很多混合动力汽车均采用此类电池作为储能元件。镍氢电池的安全性优于锂电池。

### 1. 镍氢电池的安全特性

镍氢电池有六个主要特性：表征工作特性的充电特性与放电特性、表征储存特性的自放电特性与长期存放特性、表征综合特性的循环寿命特性与安全特性。它们都决定于电池结构。

（1）充电特性

当镍氢电池充电电流增大和（或）充电温度降低时会导致电池充电电压上升。一般在 0～40 ℃的环境温度下采用不大于 1 C 的恒定电流充电，在 10～30 ℃的环境温度下充电能获得较高的充电效率。如果经常在高温或低温环境中对电池充电，会导致镍氢电池性能降低。对于 0.3 C 以上的快速充电，充电控制措施是必不可少的。反复过充电也会降低镍氢电池的性能，所以对镍氢电池高、低温以及大电流充电的保护措施一定要到位。

这里所用的“C”是电池行业中常用的一个衡量充电电流的参数，可体现充电速率，对于容量为 $x$Ah 的电池，$n$C 对应的充电电流为 $nx$A。例如，对一个 2 Ah 的电池，0.2 C 对应的充电电流为 $0.2\times2=0.4$ A。$n$ 越大，即充电电流越大，充电速率就越快。

（2）放电特性

镍氢电池的放电平台是 1.2 V，电流增大，温度降低，电池放电电压和放电效率都会降低，电池的最大连续放电电流为 3 C。镍氢电池在 1.0 V 以下一般可以提供稳定的电流，而 0.9 V 以下可以提供略小一些的电流，因此，镍氢电池的放电截止电压可以看作 0.9～1.0 V 的区间，有些电池则可以向下标到 0.8 V。IEC（国际电工委员会）将镍氢电池标准充放电模式设定为 1.0 V，我国新能源汽车镍氢电池按此标准执行。一般情况下，如果截止电压设定得太高，则电池容量不能充分利用，反之，则容易引起电池过放。

（3）自放电特性

自放电是指电池充满电开路存放时容量损失的现象，自放电特性主要受环境温度的影响，温度越高，电池存放后容量损失越大。

（4）长期存放特性

长期存放特性主要是反映镍氢电池的电量恢复能力。经过较长时间（如一年）存放后使用时，电池的容量可能会比存放前的容量小，但经过几次充放循环后，电池应能恢复到存放前的容量。

（5）循环寿命特性

镍氢电池的循环寿命受充放电制度、温度和使用方法的影响。按照IEC（国际电工委员会）标准充放电时，一次完全充放电就是镍氢电池的充电周期，多个充电周期就构成了循环寿命，镍氢电池的充放电循环可以超过500次。

（6）安全特性

镍氢电池的安全特性是各类电池中较好的。在使用过程中，如果因电池使用不当造成过充、过放、短路而使电池内部压力升高时，一个可恢复的安全阀将会打开，降低内部压力，从而防止电池爆炸的作用。

由以上特性可见，镍氢电池是一种性能良好的动力蓄电池。

## 2. 镍氢电池的化学伤害

镍氢电池由氢氧化镍正极、储氢合金负极、隔膜纸、电解液、钢壳、顶盖、密封圈等组成。在圆柱形电池中，正负极用隔膜纸分开卷绕在一起，然后密封在钢壳中，如图3-7所示。在方形电池中，正负极由隔膜纸分开后叠成层状密封在钢壳中。

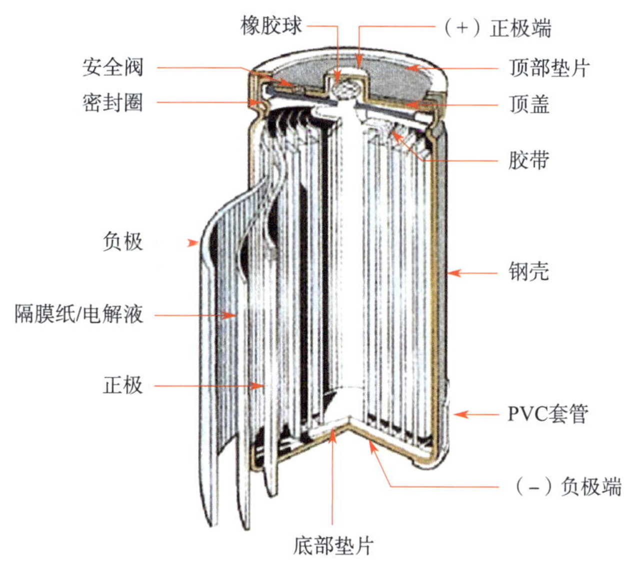


图3-7 圆柱形镍氢电池

镍氢电池本身对人体伤害较小，但如果发生爆炸，电池附属物连同阻燃 ABS（高温下仍然会被闷燃或熔化、老化）都会产生大量有毒、有害物质（如镍粉等），对人身体有害。镍粉可溶解于血液，参与体内循环，有较强毒性，能损害中枢神经，引起血管变异，严重者导致癌症。

### 3. 镍氢电池火灾及防护

镍氢电池与锂电池有一定区别，镍氢电池存在爆炸风险，若无专业消防安全知识不建议盲目进行灭火。

镍氢电池起火后，处理方法如下：

（1）关闭车辆电源开关，观察起火点判断火势情况。如火势较大应远离车辆防止镍氢电池爆炸，并拨打救援电话；若火势较小，车主有一定的消防知识，可协助灭火。

（2）必须做好个人安全防护。灭火人员需穿着全棉防静电内衣、灭火防护服，佩戴消防头盔、手套、绝缘靴、安全帽、空气呼吸器等基本防护装备。

（3）按照 B 类火灾（即液体或可熔化的固体物质火灾）扑救方法，使用干粉、二氧化碳、泡沫等灭火剂灭火。

（4）待明火熄灭后，继续利用水枪对火场进行 1 h 以上持续冷却，并使用测温仪进行实时监测。

### 4. 镍氢电池对环境的危害

镍氢电池如处理不当将导致重金属镍、钴等元素污染大气与土壤，进而影响农作物生长，危害整个食物链体系。

《工业企业设计卫生标准》（GBZ 1—2010）规定车间空气中羰基镍的最高容许浓度为 0.001 mg/m$^3$，地面水中镍的最高容许浓度为 0.5 mg/L。

美国规定农业灌溉用水的镍含量标准是：连续灌溉为 0.05 mg/L，短期灌溉为 2 mg/L。

## 三、燃料电池的安全性

燃料电池目前由于成本昂贵、技术尚未完全成熟而无法广泛应用于新能源汽车中，但以其清洁、高效、无污染等优点，仍拥有广泛的应用前景。

燃料电池是一种电化学发电装置，可等温地按电化学方式直接将化学能转化为电能而不经过热机过程，能量转化效率高，且无噪声、无污染，是理想的能源利用方式。同时，随着燃料电池技术不断成熟，以及西气东输工程提供充足天然气源，燃料电池在汽车中商业化应用存在广阔的发展前景。

燃料电池主要分氢燃料电池、甲烷燃料电池、甲醇燃料电池、乙醇燃料电池等。我

国氢燃料电池在新能源汽车中应用较为广泛。

氢燃料电池汽车的核心组成部分为动力系统，采用“燃料电池 + 电动机”代替传统燃油汽车“发动机和燃油系统”。燃料电池系统、储氢罐、电动机、升压转换器、峰值电源（蓄电池、超级电容）、各动力控制单元组成了氢燃料电池汽车的动力系统，如图 3-8 所示。

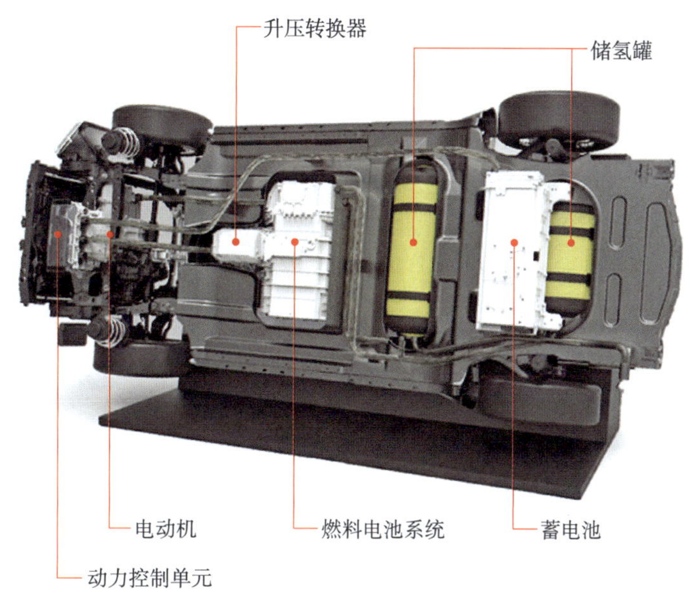


图 3-8　氢燃料电池汽车动力系统

### 1. 燃料电池的安全特性

相对于锂电池，燃料电池系统的安全性评价因素有很大不同，主要是针对燃料电池电堆和储氢系统两个部分，而且都与氢气直接相关。

（1）燃料电池电堆的安全性

燃料电池电堆是由很多单电池按照压滤机方式组装起来的，电堆只是氢气和氧气发生电化学反应的场所，它本身并不储存能量。

燃料电池电堆的安全控制主要有两个方面，一是对电池组的保护，需要在检测到电压和温度异常之后，可以在极短时间内切断氢气和空气的供给，从而避免事故的发生；二是对氢气的监控，这是主要的安全隐患。

丰田公司和戴姆勒公司对其燃料电池汽车的综合测试结果表明，即使在工作状态下对电堆进行穿刺短路，都不会引起电堆火灾和爆炸发生，这主要是因为电堆内部氢气含量并不大，而且氢气与空气可以迅速被切断。针对电堆本身来说，氢气的泄漏点主要有两处，一处是在氢气供给接口处，另一处是在膜电极的层叠间隙处。当前的氢气传感器技术无论是在灵敏度还是可靠性方面都已经非常成熟，可以保证控制系统在极短时间内切断氢气气路，从而避免氢气在动力舱的积累。

（2）储氢系统的安全性

燃料电池系统最大的安全隐患在于储氢罐，储氢罐在外力作用下发生破损可能引发氢气泄漏，电堆自身或与车身金属件之间的碰撞摩擦可能产生火花而引爆泄漏的氢气。因此，应避免储氢罐因外力而破损，破损以后还应避免氢气爆炸，这是燃料电池最关键的安全性考核因素。目前广泛使用的 70 MPa（700 bar）高压铝瓶，在国际上已经有过数千次的加压 / 减压测试记录，在抗应力疲劳方面过关，储氢瓶在满载条件下甚至还进行过步枪射击实验。为了避免外力损伤，几大国际汽车公司普遍选择将储氢罐放置在后排座椅下方或者座椅后背这两个汽车上相对比较安全的部位。

一般在储氢罐旁边、驾驶室和动力舱都安装有氢气传感器在线检测氢气浓度，储氢罐还安装了应急排放阀，以降低破损以后氢气的积累。燃料电池汽车只有在遭受重大交通事故或者由于应力疲劳导致储氢罐破损氢气泄漏的情况下，才有可能引发诸如爆炸这样的重大安全问题。通常，氢气泄漏后积累到爆炸下限浓度需要数秒时间，在氢气传感器的警报下乘客有一定的逃生时间。氢气的特点是非常轻，泄漏之后迅速上升，在通风良好、开阔的公路上一般不会发生爆炸危险。

### 2. 燃料电池火灾及防护

燃料电池汽车发生火灾时，驾驶员应根据闻到异味、车辆冒出烟雾、车辆已经起火三种不同情况，对车辆做出不同的防护措施。

（1）闻到异味

如果车内出现了烧焦或刺鼻气味，说明有物品温度过高，很可能导致塑料部件起火。这时需要立即停车、熄火、下车，并拨打 4S 店救援电话，让专业人员尽快过来处理。

（2）车辆冒出烟雾

燃料电池汽车的电池着火之前，往往会冒出白烟，然后过几分钟才开始燃烧，所以车内出现来源不明的烟雾时，要立即停车、熄火、下车，与车辆保持一定距离后拨打救援电话。在没有查明烟雾来源之前，不可启动车辆，也不要进入车内。为了避免影响附近车辆，在车后要放置警示标志。

（3）车辆已经起火

如果燃料电池汽车的电池已经起火，必须立即停车、下车、远离车辆。如果火势不大，可以用灭火器灭火；如果火势较大，需要远离车辆，拨打火警电话，不得擅自靠近车辆。

### 3. 燃料电池对环境的影响

氢燃料电池反应的产物为水，对环境是无污染的。但在制备燃料电池使用的氢时，仍然需要利用一次能源，如石油、天然气、煤等。通常将它们化合、分解而产生氢，在这一过程中，仍存在产生对环境有害的物质，如重金属、$CO_2$、$SO_2$、NO 等。

## 四、动力蓄电池的安全性

动力蓄电池在实际应用中会处于不同的工作环境，电池放电性能随放电电流、温度和湿度而变化，其中放电电流对电池放电性能影响最大，湿度影响较小。有效地控制动力蓄电池的工作环境，可提高电池的放电性能。

### 1. 动力蓄电池的储存条件

（1）动力蓄电池长时间存放不用，应保持 50% 至 60% 荷电状态，每 3 个月应进行一次补充电，每半年应进行一次充放电。

（2）在运输过程中，应注意防潮、防湿，避免挤压、碰撞等，以免动力蓄电池损坏。

（3）禁止在高温下（炙热的阳光下或很热的汽车中）使用或放置动力蓄电池，否则可能会引起动力蓄电池过热、起火或功能失效、使用寿命缩短。

（4）禁止将动力蓄电池存放在有强静电和强磁场的地方，否则易破坏动力蓄电池安全保护装置，带来安全隐患。

（5）如果动力蓄电池出现发出异味、发热、变色、变形等情况，或在使用、储存、充电过程中出现任何异常，应立即将充电枪从车上拔下并停用。

（6）废弃的动力蓄电池应用绝缘纸包住电极，以防起火和爆炸。

### 2. 动力蓄电池的使用安全

（1）一般锂电池包出厂前，厂家会进行激活处理，并进行预充电，因此电池均有余电。锂电池包没有记忆效应，却有很强的惰性，被充分激活后，才能保证以后的使用性能达到最佳。如果新买的新能源汽车安装的是锂电池，那么前 3 ~ 5 次充电称为调整期，应充 14 h 以上，保证充分激活锂离子的活性。

（2）当充电器上的指示灯转变时，实际上只充满了 90% 电量。充电器会自动改用慢速充电将电池充满，此时不要切断充电器的电源，给电池一段补电的时间，将电池充满后再使用，否则会缩短电池使用时间。

（3）充电时尽量以慢充方式充电，减少快充方式的使用。无论慢充还是快充，时间都不要超过 24 h，否则电池很可能会因为长时间供电产生巨大的电子流而烧坏电芯。

（4）采用锂电池的新能源汽车应尽量避免在低温或高温下长时间停放。环境温度对于锂电池的充放电性能影响最大，在电极 / 电解液界面上的电化学反应与环境温度有关，电极 / 电解液界面被视为电池的心脏。如果温度下降，电极的反应率也下降，假设电池电压保持恒定，放电电流降低，电池的功率输出也会下降。如果温度上升，则电池输出功率会上升。温度也影响电解液的传送速度，温度上升则传送加快，温度下降则传送减慢，电池充放电性能也会受到影响。温度不可太高，超过 45 ℃会破坏电池内的化学平衡，导致副反应。

## 五、新能源汽车的高压防护

新能源汽车具有高电压，在生产与维修新能源汽车时存在高压触电的风险，因此维修人员必须做好防止被高压电击伤的安全防护。目前，大部分新能源汽车都设计有绝缘监测、漏电检测等保护功能，维修人员要能准确识别新能源汽车高压区域及线束，做好高压电防护工作。

### 1. 新能源汽车高压区域的识别

新能源汽车带有高压电的零部件主要有动力蓄电池、驱动电机、高压控制盒（PDU）、空调压缩机、DC/DC 变换器、车载充电机、PTC 加热器、高压电缆、充电口等，其中动力蓄电池、驱动电机、高压控制系统为纯电动汽车上的三大核心部件。新能源汽车高压系统如图 3-9 所示。

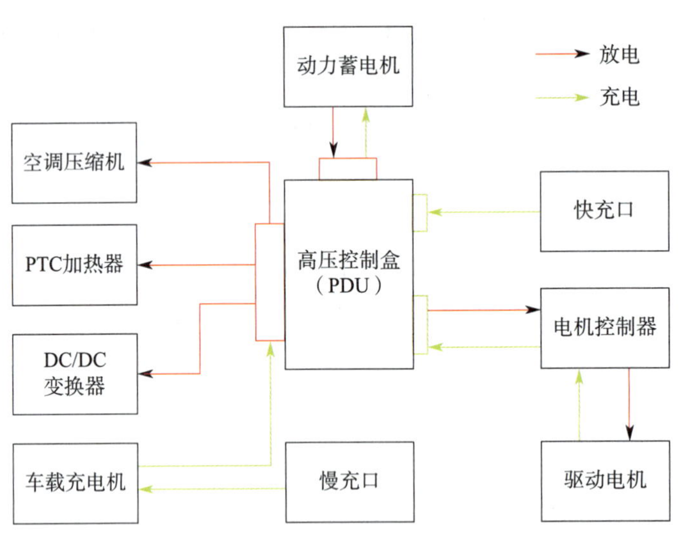


图 3-9　新能源汽车高压系统

新能源汽车高压系统主要部件在整车中的布置主要有分体式和整体式两种类型。

（1）分体式

分体式指新能源汽车高压系统主要部件 DC/DC 变换器、高压控制盒、车载充电机、驱动电机控制器等在前机舱内单独布置。图 3-10 所示为典型新能源汽车分体式高压系统分布图。

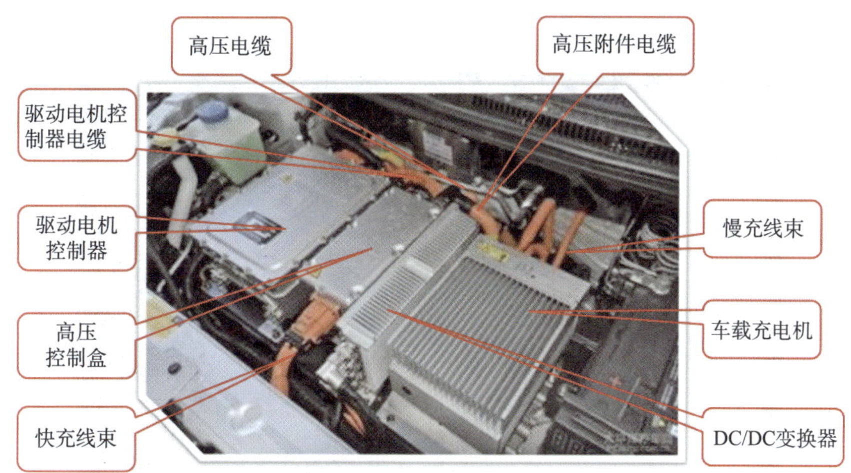


图 3-10　典型新能源汽车分体式高压系统分布图

1）高压电缆

高压电缆将新能源汽车高压系统上各高压零部件相连，作为高压电源传输的媒介。区别于低压线束系统，高压电缆均采用橙色外皮。高压电缆主要由连接器、波纹管、保护套、电缆、标签、定位扎带、胶带等组成，如图 3-11 所示。

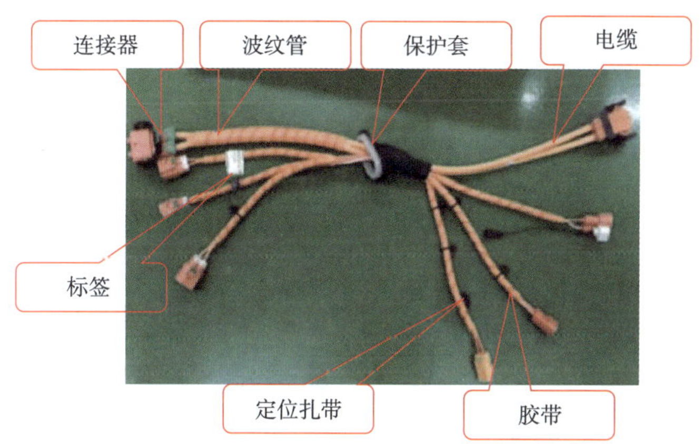


图 3-11　高压电缆

2）驱动电机控制器

驱动电机系统是车辆行驶的主要执行机构，其特性决定了车辆的主要性能指标，直接影响车辆动力性、经济性和舒适性，主要功能有怠速控制、正转控制、反转控制、能量回收和驻坡。

驱动电机控制器（MCU）将高压直流电转变为交流电，并与整车上其他模块进行信号交互，实现对驱动电机的有效控制和保护。与传统燃油汽车的发动机将燃料燃烧的化学能转变为机械能不同，驱动电机系统工作效率更高，能达到 85% 以上，故其能量利用率更高，能减少资源浪费。驱动电机控制器外形如图 3-12 所示。

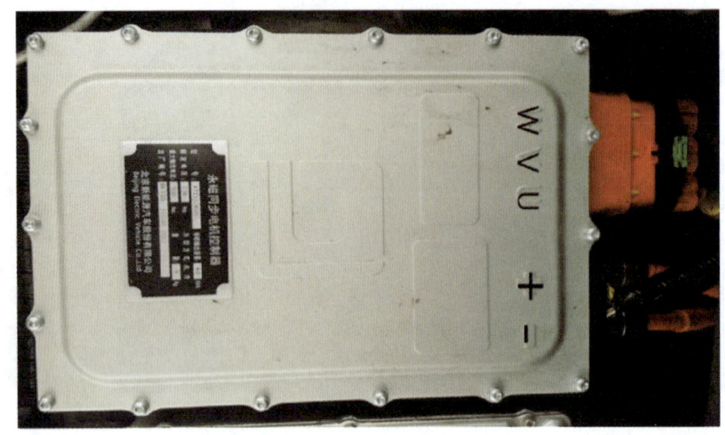


图 3-12　驱动电机控制器外形

3）高压控制盒

高压控制盒安装在动力蓄电池与各高压零部件之间，是连接动力蓄电池与外部用电设备、充电设备的控制机构。为了保护用电设备和动力蓄电池使用安全，高压控制盒由很多高压接触器和高压熔断器组成。它能实现对动力蓄电池电源的输出及分配，并对支路用电器起保护作用。盒盖上安装有高压互锁机构，在打开高压控制盒盖后切断高压电路，防止触电意外发生。高压控制盒内部有 CAN 线与其他部件通信。高压控制盒外形如图 3-13 所示。

图 3-13　高压控制盒外形

4）DC/DC 变换器

DC/DC 变换器的功能是将动力蓄电池的高压直流电转换为整车低压 14 V 直流电，给整车低压用电系统供电并为低压蓄电池充电。DC/DC 变换器外形及端口如图 3-14

所示。

DC/DC 变换器工作时会产生大量热量，其外壳一般带有散热片，并与接插件一起进行防水、防尘处理，达到 IP67 防护等级要求。

图 3-14 DC/DC 变换器外形及端口

5）车载充电机

车载充电机也称交流充电机，是新能源汽车一个重要组成部件，它是一种能为新能源汽车的动力蓄电池补充电能的设备，可将 220 V 交流电转换为动力蓄电池需要的高压直流电，实现为动力蓄电池补给电能。为保证新能源汽车动力蓄电池安全、自动地充满电，充电机依据整车控制器（VCU）和电池管理系统（BMS）提供的数据，自动调节充电电流或电压参数。

车载充电机一般安装在车辆的前机舱内，带有散热片和散热风扇，有三个接口，即交流输入端、直流输出端和低压通信控制端。车载充电机外形及端口如图 3-15 所示。

图 3-15 车载充电机外形及端口

6）动力蓄电池

动力蓄电池安装在汽车底盘上，是新能源汽车的动力源之一，它是能量储存装置，为新能源汽车提供高压电能，驱动汽车行驶。动力蓄电池决定了新能源汽车的动力性能、续航里程，并影响整车制造成本。

动力蓄电池内的电池管理系统（BMS）是电池保护和管理的核心，它既能保证动力蓄电池安全、可靠的使用，也能保证充分发挥电池的工作能力和延长使用寿命。它实时采集各单体电芯的电压、各温度传感器的温度值、电池系统的总电压值和总电流值等数据，实时监控动力蓄电池的工作状态，并通过 CAN 总线与整车控制器（VCU）或车载充电机之间进行通信，通过控制接触器来对动力蓄电池进行充放电等综合管理。

常见的新能源汽车动力蓄电池主要采用锂电池，铅酸电池在低速电动车上也有一定的应用。

动力蓄电池由电池箱体、电池模组、电池管理系统、电池控制器以及其他辅助元器件等组成，如图 3-16 所示。

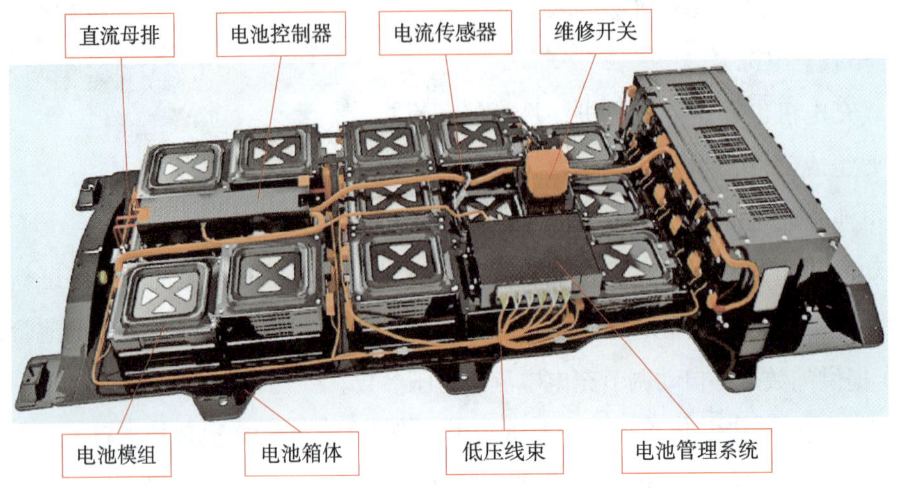


图 3-16　动力蓄电池的组成

7）电动空调压缩机

空调压缩机是整车空调制冷系统制冷剂循环的动力，区别于传统燃油汽车，新能源汽车采用的是电动空调压缩机，由高压电驱动。

压缩机控制器安装在压缩机上，受整车控制单元控制。整车控制器采集到空调 A/C 开关信号、空调压力开关信号、蒸发器温度信号、风速信号以及环境温度信号等，经过运算处理形成控制信号，通过 CAN 总线传输给空调控制器，由空调控制器控制电动空调压缩机高压电路的通断，从而控制电动空调压缩机的工作。电动空调压缩机外形如图 3-17 所示。

图 3-17　电动空调压缩机外形

8）PTC 加热器

传统燃油汽车上空调暖风系统利用的是发动机冷却系中冷却液的热量，而新能源汽车暖风系统则采用专门的制热装置，即 PTC 加热器进行加热。当暖风工作时，动力蓄电池向 PTC 供电，产生热量。PTC 加热器外形如图 3-18 所示。

图 3-18 PTC 加热器外形

（2）整体式

随着电子技术和新能源汽车技术的飞速发展，越来越多的车型将 DC/DC 变换器、高压控制盒、车载充电机、驱动电机控制器部分或全部整合成功率集成单元（PEU），俗称三合一高压电控总成（见图 3-19）或四合一高压电控总成（见图 3-20）。

北汽 EV160 高压电控总成整合了车载充电机模块、DC/DC 变换器模块、高压配电模块。比亚迪 e5 高压电控总成整合了驱动电机控制器模块、车载充电机模块、DC/DC 变换器模块、高压配电模块及漏电传感器。

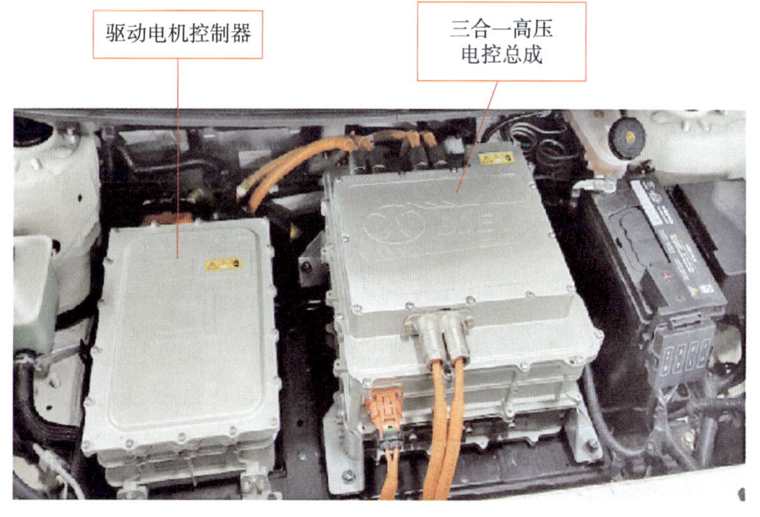


图 3-19 三合一高压电控总成（北汽 EV160）

图 3-20　四合一高压电控总成（比亚迪 e5）

## 2. 高压绝缘的检测

电气绝缘是新能源汽车高压安全的重要检测项目。新能源汽车与传统燃油汽车相比，电子电气系统的比例大大增加，并且其动力系统是以往不曾在汽车上使用过的高压系统。

《电动汽车　安全要求》（GB/T 18384—2015）中规定，绝缘电阻的最低要求为直流 100 Ω/V、交流 500 Ω/V。电气系统如果出现绝缘失效，视程度不同，会造成不同的累积后果。系统中只有一个点绝缘出现故障，暂时对系统不会产生明显影响；出现多点绝缘失效，则漏电流会在两点之间流转，在附近材料上积累热量，遇到适当情形，可能会引发火灾。同时，影响汽车电器的正常工作，最严重的情形可能发生人员触电。当然，汽车的电气系统都在底盘等乘车人员一般无法触及的地方，乘员相对安全，最可能遇到触电危险的是生产和维修人员。

电气系统绝缘失效的常见原因除了设计和制造问题以外，一般包括：热老化、光老化、低温环境下的材料脆裂、固定不当引起的摩擦损伤等。

新能源汽车绝缘故障主要可以分为动力蓄电池内部和动力蓄电池外部的高压回路产生问题两种情况。在绝缘监测系统中，电动汽车上的电气系统按照电源和负载划分为两部分，绝缘电阻分别测量计算。新能源汽车高压绝缘监测原理如图 3-21 所示。

动力蓄电池内部产生绝缘故障的主要原因是电芯电解液泄漏、外部液体进入、绝缘层破坏等，使电池模组和单体电池等高压部件与动力蓄电池箱或外壳出现了导电回路。一般可以通过动力蓄电池模组内部、电池管理单元（BMU）、电池管理系统（BMS）等多种绝缘措施控制。检测时正极或负极对地，若电压或绝缘阻值小于规定值，则判定动力蓄电池内部绝缘故障。

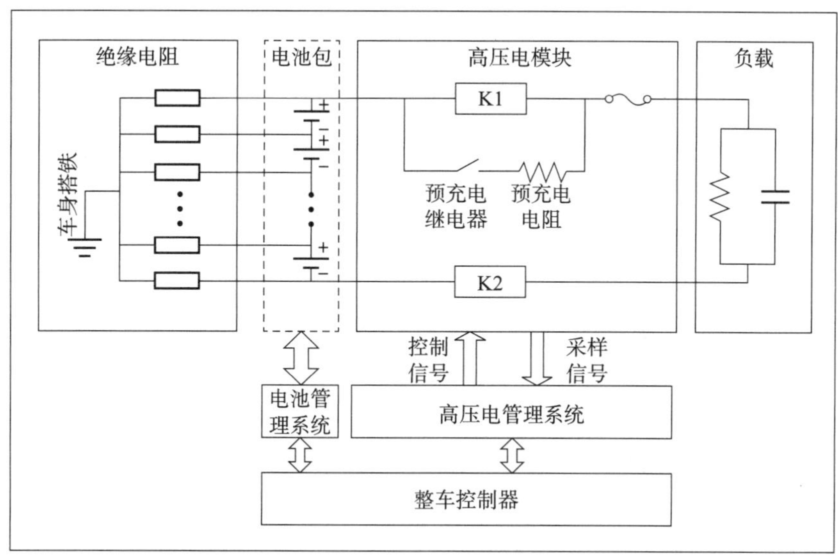

图 3-21 新能源汽车高压绝缘监测原理图

动力蓄电池外部产生绝缘故障主要是高压回路绝缘失效等原因造成的，主要发生在高压连接器、高压线缆和高压负载。

高压负载的绝缘性包括两个部分，一部分是高压负载对电气平台的绝缘性能，另一部分是高压负载对低压电路的绝缘性能。为了避免不相干因素的影响，测量时需要遵守以下原则：

（1）确保与动力蓄电池电源处于断开状态。

（2）断开电路中所有电源、辅助电源。

（3）测量点应全面覆盖所有外壳、框架。

（4）确保全部待测高压负载导电件完整连接。

测量方法为：使用绝缘万用表在高压负载的端子与车身搭铁之间或者高压端子与低压电路之间施加较高的直流电压，检测两部分之间的绝缘电阻。

【视频】新能源汽车高压绝缘检测

### 3. 高压防护措施

在新能源汽车使用或维修中为了防止高压触电事故的发生，整车均设计了高压电气系统防护措施。其主要措施分为基本保护措施和预防式保护措施两大类。这两种独立的保护措施以适当的组合形式存在，起到触电保护效果。

（1）基本保护措施

1）绝缘保护

根据《电动汽车术语》（GB/T 19596—2017）的规定，基本绝缘指带电部分上对触电（在没有故障的状态下）起基本防护作用的绝缘，附加绝缘指为了在基本绝缘失效情况下防止触电而在基本绝缘之外使用的独立绝缘。新能源汽车高压线束的绝缘保护如图 3-22 所示。

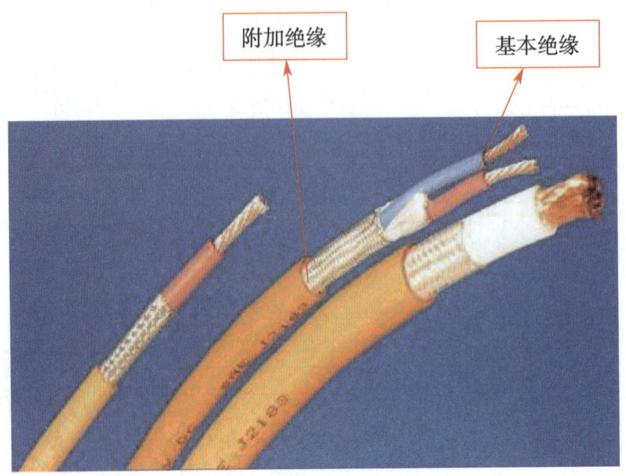


图 3-22　高压线束的绝缘保护

2）接触保护

接触保护主要是指高压插头的接触保护，用于防止导体与屏蔽层直接接触，避免高压电路发生绝缘、短路、漏电等情况危及驾乘人员的生命安全。高压插头的接触保护如图 3-23 所示。

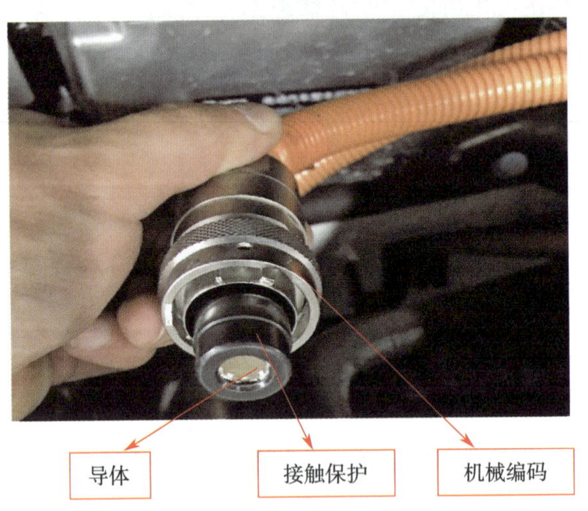


图 3-23　高压插头的接触保护

3）高压标识

新能源汽车对高压电缆的防护及高压器件的标识应满足以下要求：

①高压器件外部的高压电缆必须含有屏蔽层或外部罩有屏蔽罩等，以屏蔽电磁辐射。高压接插件在对接状态下须达到 360° 屏蔽。

②高压器件外部的高压电缆结构如图 3-24 所示。

③高压零部件外面的高压电缆应以橙色作为标识，如图 3-25 所示。

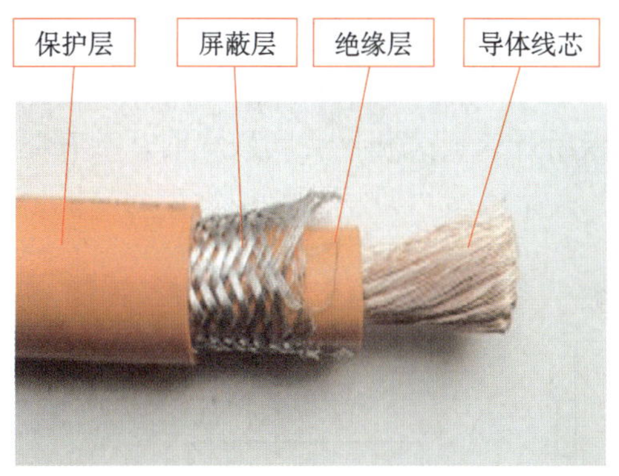

图 3-24 高压电缆的结构

图 3-25 高压电缆以橙色作为标识

④高压器件均贴有安全标识，以便告知车主或维修人员此处有高压电，注意高压安全防护，如图 3-26 所示。

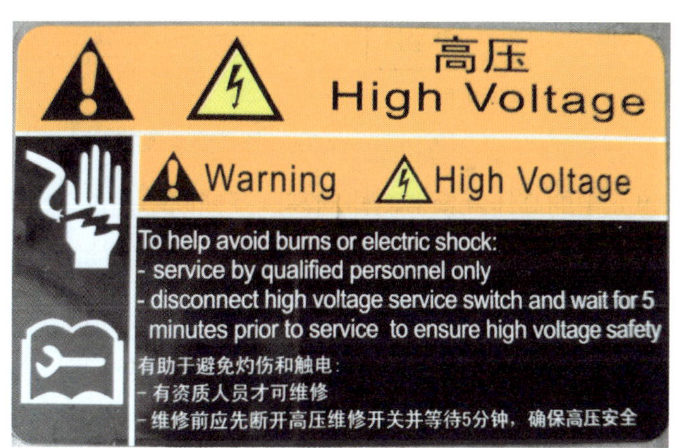


图 3-26 高压器件上的安全标识

4）防护等级

为防止新能源汽车的动力蓄电池、驱动电机等高电压工作部分遭遇水淹时发生漏电短路，目前新能源汽车主要部件及接插件的防护级别基本达到 IP67 级及以上，这个级别的防护能做到完全防止外物及灰尘侵入，且在深达 1 m 的水中浸泡 30 min 不出问题。

（2）预防式保护措施

新能源汽车上针对功能失效、高压安全等方面所做的预防式保护措施主要有高压互锁、开盖检测、主动泄放、被动泄放、碰撞保护、功能互锁、使用漏电传感器、设置维修开关等。

1）高压互锁

高压互锁（HVIL）也称为危险电压互锁，是指使用低压信号来检查新能源汽车上所有与高压母线相连的各分路，包括整个动力蓄电池系统、导线、连接器、DC/DC 变换器、驱动电机控制器、高压控制盒及保护盖等系统回路的电气连接完整性（连续性），原理如图 3-27 所示，当整个动力系统高压回路连接断开或者完整性受到破坏时，会在毫秒级时间内断开高压电，保障用户安全。

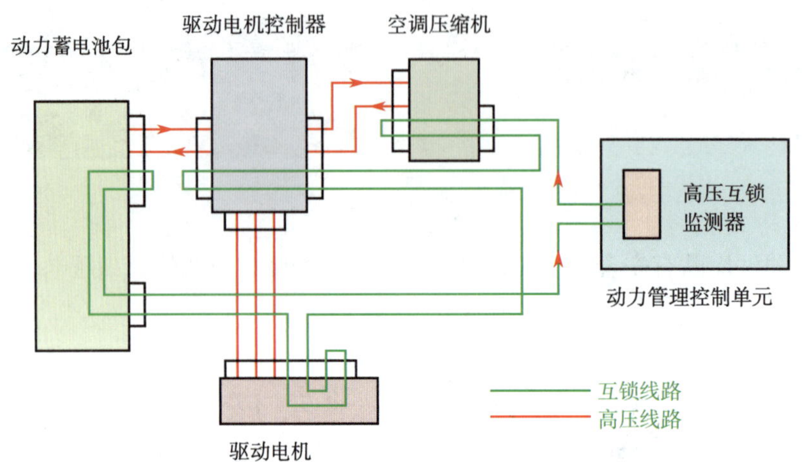


图 3-27　新能源汽车高压互锁回路原理图

动力管理控制单元中的高压互锁监测器向高压互锁回路提供 1 个信号电压（一般为 5 V 或 12 V），然后检测返回的信号电压，若检测不到返回的信号电压（如高压部件的导线连接器脱开），则表明高压互锁回路断路，考虑到此时高压线路也有可能处于断路状态，若继续供电，会有安全隐患，因此动力管理控制单元会切断高压供电。

在新能源汽车上设置高压互锁的目的有：

①在高压上电前确保整车高压系统的完整性，使高压处于一个封闭的环境下工作，提高安全性。

②当整车在运行过程中高压系统回路断开或者完整性受到破坏时启动安全防护。

③防止带电插拔高压接插件给高压端子造成的拉弧损坏。

2）开盖检测

开盖检测（见图 3-28）装置结构类似于连接器，一端装在高压部件盖上，一端装在高压部件主体中，当这些部件的保护盖开启时，连接器也断开，即在整车高压回路连通的情况下打开时，高压互锁信号中断，此时系统会立即进行报警，并断开高压主回路电气连接，同时激活主动泄放。

图 3-28 开盖检测装置

3）主动泄放

驱动电机控制器中含有主动泄放回路，当检测到车辆发生较严重的碰撞，或高压回路中某处接插件存在拔开状态，或含有高压的高压电控元件存在开盖情况时，控制器可在 5 s 内将高压回路直流母线电压主动泄放到 60 V 以下，迅速释放危险电能，最大限度保证人员安全。

通过主动泄放功能放电还可以消除高压器件内电容器上的残余电压。

主动泄放是由电池管理系统控制的，每次切断高压系统或者中断低压控制线时，都会进行主动泄放，如图 3-29 所示。

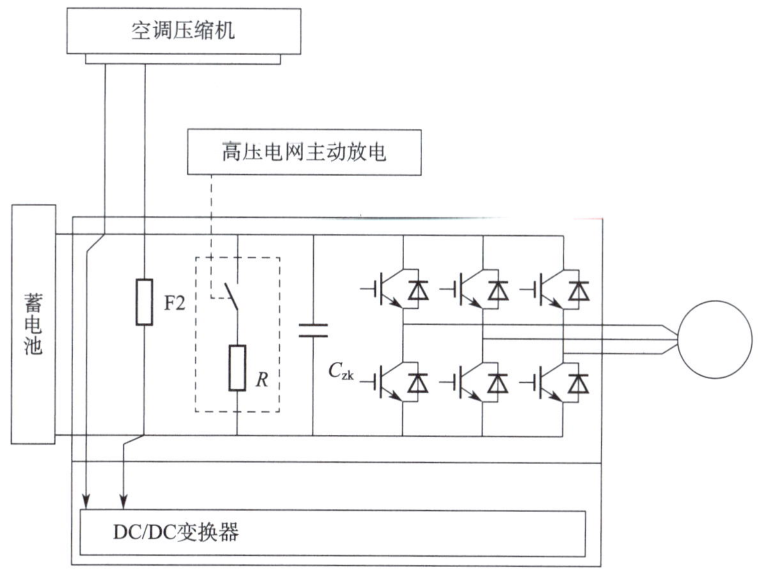


图 3-29 主动泄放的控制

4）被动泄放

在含有主动泄放的同时，驱动电机控制器、空调驱动控制器等内部含有高压的电控元件同时设计有被动泄放回路，可在 2 min 内将高压回路直流母线电压泄放到 60 V 以下。被动泄放是主动泄放失效的二重保护。

被动泄放功能是为了保证即使在部件已拆卸下来的情况下，也可以将残余电压消除掉。

5）碰撞保护

碰撞保护指当车辆发生碰撞，动力蓄电池管理器检测到碰撞保护信号大于一定阈值时，会切断高压系统主回路的电气连接，同时通知驱动电机控制器激活主动泄放，从而使碰撞引起的短路危险、人员电击危险降到最低。

6）功能互锁

功能互锁指车辆在进行充电或插上充电枪时，车辆的高压电控系统会限制整车不能通过自身驱动系统驱动，以防止可能发生的线束拖拽或安全事故。

7）使用漏电传感器

漏电传感器（见图 3-30）用于对新能源汽车直流动力电源母线与其外壳、车身底盘之间的绝缘阻抗检测，通常检测与动力蓄电池输出相连接的负极母线与车身底盘之间的绝缘电阻，从而判断动力蓄电池的漏电程度。

例如，比亚迪 e5 漏电传感器检测到绝缘电阻大于 100 kΩ/V、小于等于 500 kΩ/V，则判断为一般漏电；检测到绝缘电阻小于等于 100 kΩ/V，则判断为严重漏电。

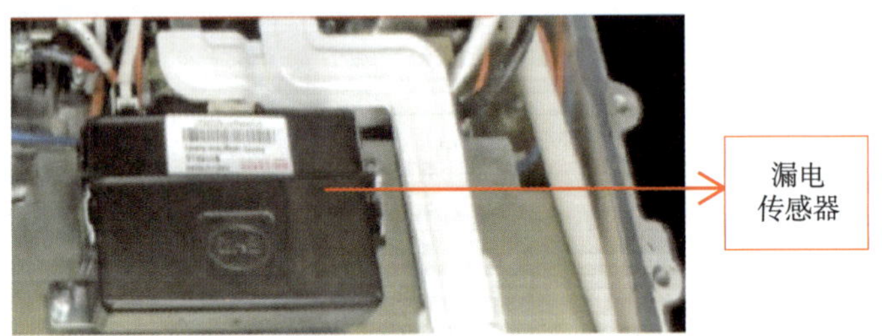


图 3-30　比亚迪 e5 上的漏电传感器

8）设置维修开关

为保证维修作业人员的人身安全，部分新能源汽车在动力蓄电池系统的中间位置设置了维修开关。维修开关能为新能源汽车的高压系统在维修时提供安全的维修环境，并对电力系统进行安全保护。它的功能是在车辆维修时将动力蓄电池的高压电大体分成相等的两部分，即直接断开高压回路，如图 3-31 所示。

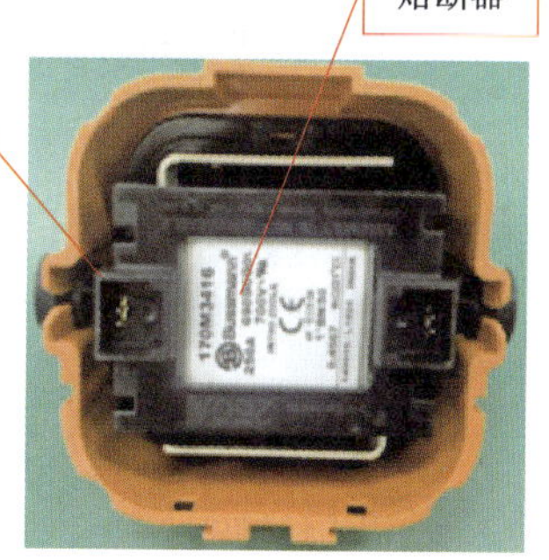


图 3-31　维修开关

维修开关的主要结构为快速熔断器，起到短路保护的作用，当工作电流超过规定值时，其自身产生的热量使熔丝熔断，断开电路。在检修新能源汽车时，也可通过手动的方式将其拔下，将高压系统的电源断开，从而保证维修作业人员的人身安全和车辆使用安全。

## 思考与练习

1. 锂电池系统安全性问题表现为哪几个层次？
2. 简述锂电池火灾的主要原因。
3. 镍氢电池的主要特性有哪些？
4. 简述燃料电池对环境的影响。
5. 简述环境温度对锂电池充、放电性能的影响。

# 技能实训 3　新能源汽车高压区域识别

| 实训名称 | 新能源汽车高压区域识别 | 日期 | | 成绩 | |
|---|---|---|---|---|---|
| 学生姓名 | | 学号 | | 班级 | |

## 一、实训目的

1. 能描述新能源高压区域部件名称及安装位置。

2. 能描述新能源汽车高压部件的作用。

## 二、实训内容

1. 小组分工

| 操作员 | | 记录员 | |
|---|---|---|---|
| 监护员 | | 展示员 | |

2. 查阅相关车型资料，观察实训场地展示的整车，结合小组讨论，将表格填写完整。

（1）北汽 EV160 纯电动汽车高压区域部件识别

| 图示 | 名称 | 作用 |
|---|---|---|
| | | |
| | | |

续表

| 图示 | 名称 | 作用 |
| --- | --- | --- |
| | | |
| | | |
| | | |
| | | |
| | | |
| | | |

（2）比亚迪 e5 新能源汽车高压区域部件识别

1）高压电控总成识别

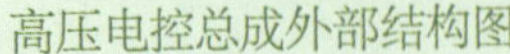
高压电控总成外部结构图

高压电控总成内部模块布局图

| 序号 | 名称 | 作用 |
| --- | --- | --- |
| 1 | | |
| 2 | | |
| 3 | | |

2）高压部件识别

| 图示 | 名称 | 作用 |
| --- | --- | --- |
| | | |
| | | |

续表

| 图示 | 名称 | 作用 |
| --- | --- | --- |
| 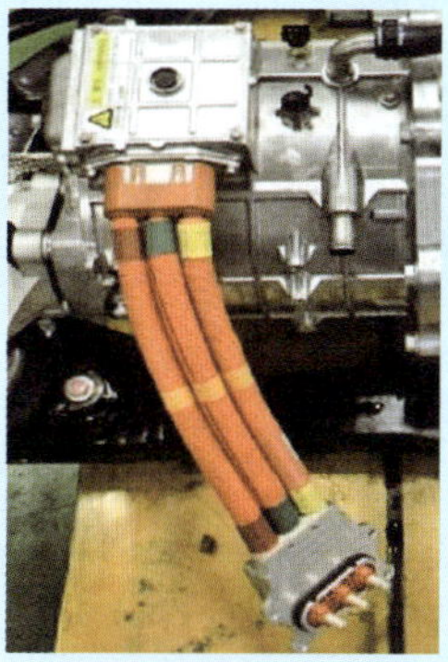 | | |
|  | | |

（3）吉利 EV450 新能源汽车高压区域部件识别

| 图示 | 名称 | 作用 |
| --- | --- | --- |
|  | | |
|  | | |
|  | | |

续表

| 图示 | 名称 | 作用 |
| --- | --- | --- |
|   |  |  |
|   |  |  |
|   |  |  |

（4）普锐斯混合动力汽车高压区域部件识别

| 图示 | 名称 | 作用 |
| --- | --- | --- |
| 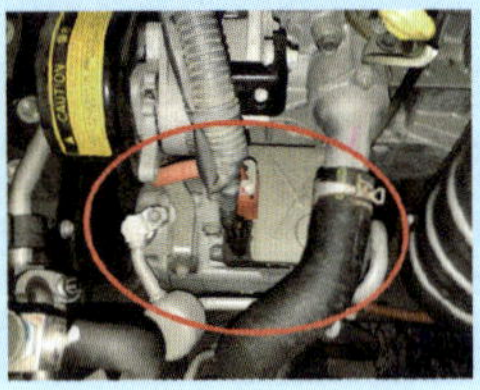  |  |  |
|   |  |  |

续表

| 图示 | 名称 | 作用 |
| --- | --- | --- |
| | | |
| | | |

3. 根据以上三种纯电动汽车高压部件（DC/DC 变换器、车载充电机、驱动电机控制器、高压分配盒）结构布局情况，分析整体式与分体式结构各有哪些优点与缺点。

4. 比较普锐斯混合动力汽车与纯电动汽车高压部件的相同点与不同点，并简要分析。

## 三、检验与评估

1. 小组互评

小组间根据展示小组代表阐述进行互评，并记录评价结果。

| 序号 | 评价标准 | 各组评价结果 |
| --- | --- | --- |
| 1 | 任务目标制定合理恰当 | |
| 2 | 任务实施过程表述清晰明确 | |
| 3 | 任务结果符合实际情况 | |
| 4 | 任务计划切实有效执行 | |
| 5 | 任务体会感受情感真实 | |
| 综合评价 | | |

2. 组内互评

组长：________________ 组号：________________

| 姓名 | | | | | | | | | | |
| --- | --- | --- | --- | --- | --- | --- | --- | --- | --- | --- |
| 分工 | | | | | | | | | | |
| 评价 | | | | | | | | | | |

注：评价采用 5 分制。

3. 自我反思和自我评价

根据在课堂中的实际表现，自行填写。

| 自我反思 | |
|---|---|
| 自我评价 | |

## 四、实训考核

考核标准表

| 项目 | 评分标准 | 分值 | 得分 |
|---|---|---|---|
| 工作任务接收 | 正确接收并理解工作任务要求 | 2 | |
| 资料收集 | 能熟练区分新能源汽车上高压区域及低压区域 | 2 | |
| 计划制定 | 按规范作业要求检查、使用、穿戴高压电绝缘安全用具，明确观察整车时的注意事项和小组成员分工 | 6 | |
| 计划实施 | 正确认识车载充电机并能在实车中找出对应部件 | 8 | |
| | 正确认识 DC/DC 变换器并能在实车中找出对应部件 | 8 | |
| | 正确认识高压控制盒并能在实车中找出对应部件 | 8 | |
| | 正确认识驱动电机控制器并能在实车中找出对应部件 | 8 | |
| | 正确认识驱动电机并能在实车中找出对应部件 | 8 | |
| | 正确认识动力蓄电池并能在实车中找出对应部件 | 8 | |
| | 正确认识空调压缩机并能在实车中找出对应部件 | 8 | |
| | 正确掌握高压部件整体式与分体式设计的优缺点 | 8 | |
| | 正确认识混合动力汽车与纯电动汽车高压部件的区别 | 8 | |
| 质量检查 | 任务完成良好，操作过程规范 | 6 | |
| 评价反馈 | 能根据自身及队友表现进行客观评价 | 6 | |
| | 能在任务实施过程中发现自身及队友的问题 | 6 | |
| 合计 | | 100 | |

# 模块四
# 新能源汽车的日常维护与安全使用

## 学习目标

1. 了解新能源汽车日常维护的要点。
2. 掌握新能源汽车日常维护的正确方法。
3. 能够完成对新能源汽车的简单检查、驾驶与充电。
4. 掌握新能源汽车常见问题发生时的应对方法。

### 任务描述：

小张是北汽新能源 4S 店一名销售员，今接到向用户交付一辆北汽 EV160 纯电动汽车任务，因该用户之前没有接触过纯电动汽车，缺少相关使用经验，故小张需要将新能源汽车的安全使用规范及日常检查要求向客户做详细介绍。

### 任务分析：

新能源汽车和传统燃油汽车在使用习惯和要求上存在很大不同，交付车辆时需要向用户讲解新能源汽车在驾驶、充电及其他常见问题应对上的一些要求。由于动力蓄电池本身的特性，在意外事件的处理方式上也与传统燃油汽车有很大的不同，这些都需要向客户逐一介绍。

## 相关理论

### 一、新能源汽车的日常维护

新能源汽车在底盘结构上与传统燃油汽车并没有太大的区别，因此这一部分的日常维护与使用要求基本可以沿用传统燃油汽车的方法，但是在驱动系统和能量储存方面则与传统燃油汽车存在较大区别，需要特别注意。

新能源汽车高压电驱动部分一般都会在高压元件壳体上张贴高压警示标签，图 4-1 所示警示标签边框为黑色，底色为黄色，提示维修人员有触电危险、有灼伤危险、需要有资质人员才可维修。高压电路中的线束通过外皮颜色来与低压控制线束区分，一般为橙色警示色，线束接插件也采用橙色，如图 4-2 所示。

**【提示】**

任何情况下，没有获得相关维修资质的人员不得打开、触碰车辆的橙色线束或者对高压部分元件进行拆装维修，避免发生意外伤害。

图 4-1　高压警示标签

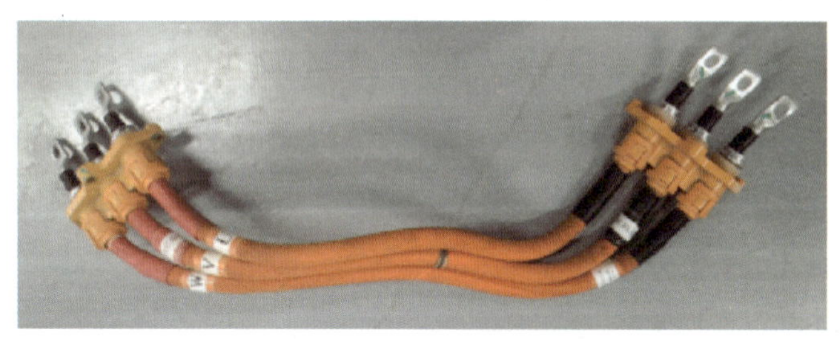

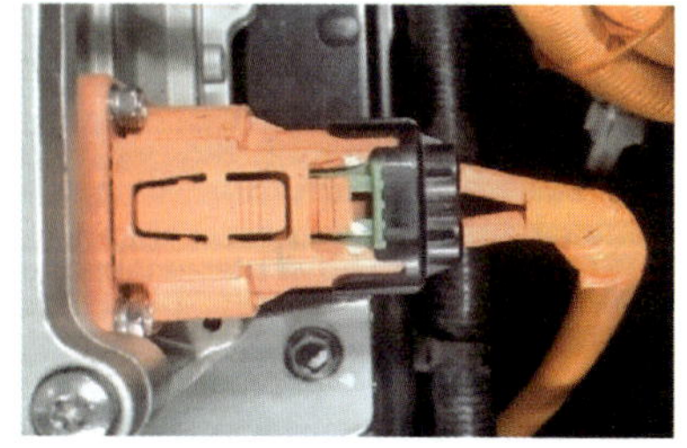

图 4-2　高压线束及接插件

按照《汽车维护、检测、诊断技术规范》(GB/T18344—2016)要求，汽车维护分为日常维护(每次行驶前后)、一级维护(间隔 10 000 km 或 30 日)和二级维护(间隔 40 000 km 或 120 日)，在车辆使用的过程中驾驶员只需要完成日常维护即可，一级维护和二级维护需要定期去服务站交由专业人员操作。

新能源汽车日常维护中的检查项目分为每日检查与定期检查。在使用过程中，由于车辆本身的磨损、老化或者故障等原因，有可能出现车辆故障或者安全隐患，需要用户在使用过程中掌握一些基本的检查方法，能够解决一些简单的问题并及时发现隐患，避免影响用车安全。

### 1. 每日检查

每日检查是对最常用的设备状况进行检查，相关功能对车辆使用及行车安全有直接影响，需要在每次出车前、收车后进行检查。

(1)检查照明、信号仪表系统、刮水器及清洗装置

这一部分系统及装置在使用维护习惯上延续了传统燃油汽车的特点，维护时应确保各类照明、信号灯光能够按要求点亮，仪表无故障灯点亮，能够正常显示上电，风窗洗涤喷水有力，位置正确，刮水器无抖动异响，能够有效清除风窗玻璃上的水迹等。

(2)检查安全带

安全带应观察外观，检查固定情况是否良好、有无裂口破损，要求伸缩顺畅，快速拉出时能够迅速锁止(检查动作见图 4-3)，安全带锁扣应连接顺畅、牢固，安全带指示灯应正常工作。

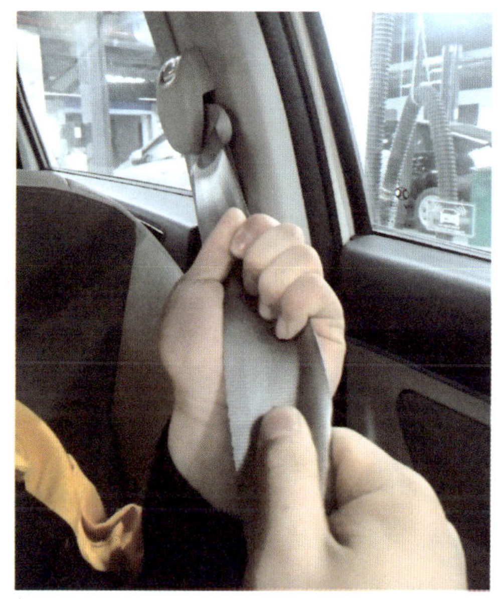

图 4-3　安全带锁止功能的检查

(3)检查制动功能

制动踏板在未启动车辆时行程合理，不能踩到底，踩住制动踏板启动车辆，踏板能够迅速下沉，连续踩踏制动踏板，应没有明显的变硬现象。

(4)检查停车处油液痕迹

无论是纯电动汽车还是混合动力汽车，各类油液仍然是完成散热、润滑、制冷等各项功能的重要介质，任何油液的泄漏都可能造成车辆的严重故障。一旦发现停车地点车

底部位有油液痕迹，需要进一步检查车辆，确认后进行故障情况的评估，确定是继续行驶还是呼叫救援。

（5）检查车轮外观状况

正常的车轮对行车安全有重要意义，特别是对发生过擦碰补胎和年份比较长的车胎要加强检查，及时消除隐患。车胎应外观正常，无破损、鼓包、裂纹等现象，目视检查不应有缺气情况。

每日检查建议在每次出车及收车时进行，以简单的目视检查为主，以便确认车辆的各项常用功能以及安全装置是否能够正常工作，防止安全隐患影响到行车安全。

### 2. 定期检查

（1）冷却液、制动液等的检查和加注

除了每日检查项目，车辆的冷却液、制动液等油液状况对行车安全也非常重要，虽然工作环境相对密封，发生渗漏和变质的可能性较低，但在使用的过程中可能会出现消耗，需要做定期检查与调整，间隔时间可参考车辆使用手册，一般比亚迪等国内主流新能源汽车的使用手册中规定可按照日常行车的频率和里程在 1 周到 1 个月之间灵活调整。

1）检查冷却液液位

新能源汽车的冷却系统相对传统燃油汽车更为复杂，早期的新能源汽车（如北汽纯电动汽车 EV160）冷却液储液罐虽然仅采用一个，如图 4-4 所示，但冷却液经过驱动电机控制器、驱动电机及 PDU 高压控制单元，完成对三个元件的冷却。

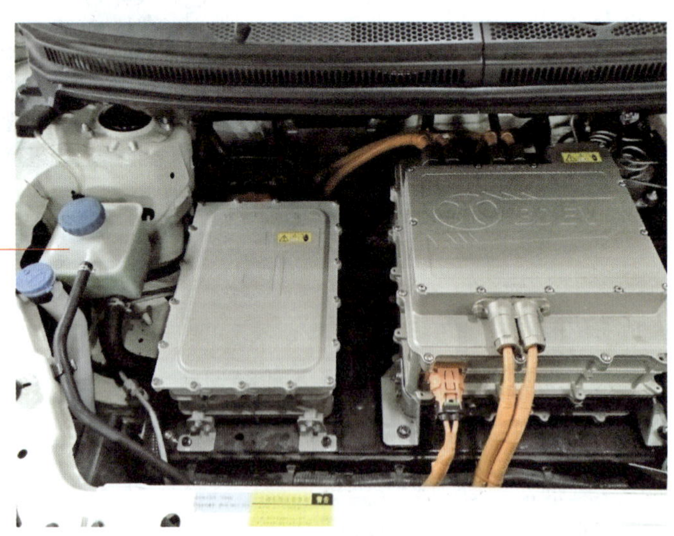


图 4-4　北汽 EV160 汽车的冷却系统

应用一段时间后，根据市场反馈，考虑到动力蓄电池循环寿命及高低温状态下的工作稳定性，如今大多厂家都加入了动力蓄电池的液冷系统。但因为驱动电机电控系统、动力蓄电池系统，以及空调系统需要的冷却液温度差异较大，如空调制暖需要 90 ℃以上的冷却液温度效果才能达到传统燃油汽车的水平，驱动电机电控系统的温度需要控制在 75 ℃以下，动力蓄电池系统根据不同的类型，电池冷却液的温度则需要控制在 25～35 ℃之间，所以很难用同一套冷却系统完成如此大范围的冷却液温度控制。为了精准控制，主流厂家的解决方案是布置独立的冷却液循环，以满足不同部件的温控要求。以比亚迪为例，目前其纯电动车型前机舱内布置有三个冷却液储液罐（如图 4-5 所示为比亚迪 e5 前机舱布置），各自独立工作完成整车的温度控制。因此在检查时需依据车型不同对冷却液储液罐逐个进行检查。

图 4-5 比亚迪 e5 前机舱布置

①驱动电机电控冷却液储液罐 ② PTC 加热器冷却液储液罐 ③动力蓄电池冷却液储液罐

冷却液除了散热这一主要作用外，还能起到防腐、防水垢和防冻等作用，应依据所在地区的最低气温选用适当防冻能力的冷却液。冷却液的循环系统是相对封闭的，正常使用的过程中不会有明显减少，因此定期检查时，需要在冷车状态下观察冷却液的液位是否在储液罐的最高液位与最低液位之间，如图 4-6 所示。若发现冷却液液位不足，需要及时添加符合厂家标准的冷却液到标准位置，并及时到服务站检查泄漏情况。

图 4-6 冷却液液位的检查

【提示】

● 冷却液温度高时系统内会有压力，冷却系统的开放可能会导致蒸汽或沸腾的冷却液溢出造成伤害。

● 冷却液对人体有害，必须妥善保管，避免儿童接触，不可直接排入生活废水。

● 若冷却液与人体直接接触，应立即用大量清水清洗，若有明显的身体不适，需立即就医。

2）检查制动液液位

制动液是汽车制动系统工作的介质，其性能直接影响车辆的制动效果，依据厂家使用手册，需每 2 年或每 40 000 km 更换一次制动液。制动液的日常检查与冷却液类似，目视检查其是否处于制动液储液罐的最高液位与最低液位之间（见图 4-7），必要时做出调整。与冷却液不同，除发生渗漏之外，制动液的液位会随着制动片的损耗逐渐下降，低于下限后需要确定制动液减少的原因并及时添加相同规格的制动液或送修。

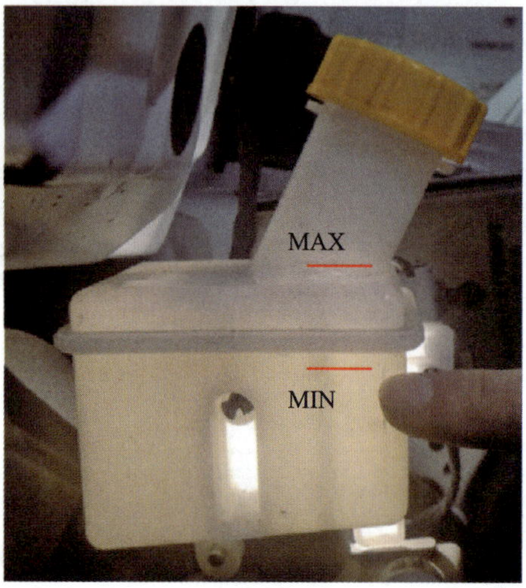

图 4-7　制动液液位的检查

制动液本身具有腐蚀性，因此在添加制动液和更换制动片时需要特别注意，防止制动液从储液罐中溢出，若制动液存在溢出的情况，需要及时清理，以免对车辆漆面和部件造成损害。添加制动液前必须确认其是否符合原厂标准，依据厂家使用手册提供的参数，大多数新能源汽车依然采用 DOT 4 规格的制动液。制动液本身有一定的吸水性，开封后应立即加注。如果要使用开封一段时间的制动液，必须先确认其是否合理存放，必要时应检查制动液的含水量。

【提示】

● 制动液具有腐蚀性并有可能被高温引燃，不得过量添加制动液，以免发生危险。

● 制动液对人体有害，必须妥善保管，避免儿童接触或直接排入生活废水。

● 避免制动液与人体接触，一旦发生应立即用大量清水冲洗，若发生意外吞食的情况应立即就医。

3）检查玻璃清洗液液位

玻璃清洗液用于风窗玻璃的清洁，属于消耗品，其液位高度并没有明确规定，为保证正常使用，定期检查时充满即可。部分车型的玻璃清洗液储液罐带有液位标尺，可通过标尺判断当前液位，视情添加。一般车型的玻璃清洗液最大添加量在 3.5～4.5 L 之间。

在季节转换、气温降低至冰点之前，需要检查玻璃清洗液的冰点，并依据环境最低气温选择合适的防冻型玻璃清洗液，否则玻璃清洗液结冰可能会引起储液罐冻裂。

**【提示】**

- 部分玻璃清洗液含有易燃成分，储存时应注意避开火源。
- 不要加注非专用的酸性或碱性清洗剂，以防对车漆及管路造成不良影响，应急情况下可用清水代替。

（2）检查车轮气压

车轮是行驶安全的重要保障，保持车轮具有正常的气压值对行驶安全有重要意义。胎压过低会使胎面两侧磨损加剧，会影响车辆的操控性和经济性，并增加爆胎的风险。而胎压过高则会造成轮胎接地面积减小，行驶不稳定，胎面中部磨损加剧。

定期检查时需要在冷车状态下用气压表测量车轮胎压，如图 4-8 所示。若胎压明显过高或过低，须按照车辆标准胎压要求进行调整，通常标准胎压参数可以在车辆以下位置找到：

1）汽车使用手册中。

2）车辆 B 柱附近的标签上。

3）车辆驾驶座旁的抽屉里。

4）充电口盖上。

经过一段时间的行驶后，胎压会有 0.2～0.5 MPa 的上升，因此热车状态不能准确调整胎压，如果需调节胎压，需要停车 3 h 以上或确保 3 h 内行驶距离小于 1 km 的情况下进行。

【视频】新能源汽车日常维护

图 4-8 测量轮胎气压

（3）检查空调系统

新能源汽车空调系统的工作动力来源与传统燃油汽车有较大不同，由于没有发动机持续工作带来的余热，因此很多车型采用 PTC 加热器制热，为了减小工作电流，提高加热功率，PTC 加热器一般都采用高压电驱动。制冷用的压缩机也采用高压电驱动，因此在进行空调系统高压部分检查、维修时应注意安全，防止触电事故发生。

空调压缩机的润滑来自空调管路内的冷冻机油，因此定期启动压缩机，让冷冻机油循环工作对整个系统的润滑和密封都有益，应至少每月启动一次空调系统，并对空调系统的线束连接情况以及高、低压管路连接状况进行检查，目测是否存在线束松动或管路渗漏的情况。除了检查高压系统结构完整性外，还需通过体感来判断出风口是否能够提供合适的温度及风量，各出风口是否能够依据控制面板的控制正常关闭和打开，以此来确认压缩机、PTC、空调风量调节以及出风口调节功能是否正常。

（4）检查高压线束及模块

与传统燃油汽车相比，新能源汽车中高压储能以及驱动部分是新增加的部件，相关的模块以及线束几乎没有活动部件，因此几乎不存在磨损情况，并且高压系统的维护需要相关资质，用户不能对相关部件进行拆装。

定期维护作业中只需要用户进行一些基本的外观检查。大部分的高压部件位于前机舱内，定期检查时只需要对高压模块的安装情况、外观情况以及线束的外观和插头的连接情况进行目测即可。插头卡扣松脱、插头脱落、线束干涉、固定螺钉松动等不良状况如图 4-9 所示。

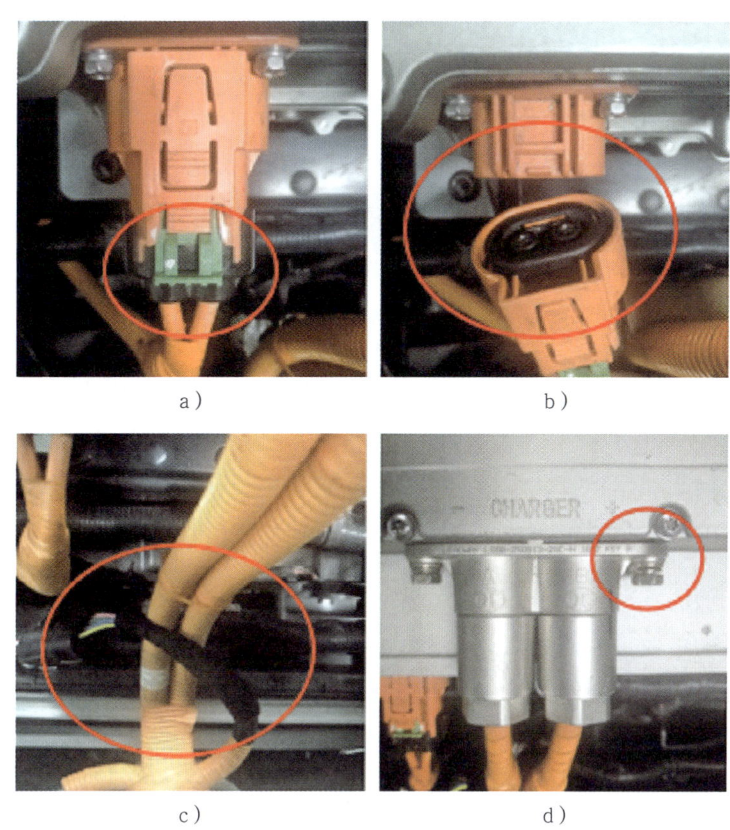


a） b）

c） d）

图 4-9 常见线束不良状况

a）插头卡扣松脱 b）插头脱落 c）线束干涉 d）固定螺钉松动

**【提示】**

- 车辆上所有橙色的线束和插头，以及贴有高压标记的部件都带有高压。
- 新能源汽车的电压大大超过了安全电压的范围，因此需要具有相关资质才能进行拆装和维修，在进行相关操作之前必须确保熟读手册或已接受相关培训，避免因误操作引起危险。
- 如果发现插头松动、线束或部件破损、泄漏等故障，应及时将车辆送到服务站进行维修。

由于每辆车行驶的工况存在较大差异，行驶频率较低以及里程数较少的车辆可以适当增加定期检查的间隔时间，但是出于行车安全的考虑，应至少每个月进行一次检查。

## 二、新能源汽车的安全使用

新能源汽车由于动力及能量补充系统与传统燃油汽车有较大差异，因而在使用中有自身的特点。

### 1. 驾驶安全

新能源汽车由于采用了完全不同的动力方式，在驾驶感受上与传统燃油汽车存在较大差异，特别是纯电动工况下，没有了换挡的动作，整体的驾驶感受会更加顺畅，几乎没有动力间断，并且大部分同级别新能源汽车的起步都比传统燃油汽车更加迅速，因此，有传统汽车驾驶经验的驾驶员需要一段时间来适应新能源汽车的行驶特性。

（1）上电

新能源汽车上电之前，主要检查以下内容：

1）确认车辆四周无异常。

2）进入车内后，关闭所有车门，正确调节驾驶员座椅与转向盘，系好安全带。

3）确保车辆挡位处于“N”或“P”位置，确认车辆驻车制动处于有效状态。

4）踩下制动踏板，按下起动开关或转动点火钥匙将车辆起动。

5）起动后检查仪表是否正常，若有故障报警灯，需及时视情修理。

新能源汽车起动的感觉与传统燃油汽车有较大区别，相对于传统燃油汽车有明显的发动机工作噪声和振动，新能源汽车起动后一般人体感觉不明显，相对于传统燃油汽车更加容易产生误判，造成不可预知的危险。需要通过仪表盘上的指示灯来判断车辆是否处于起动状态，若仪表盘上的绿色“READY”或“OK”指示灯点亮，表明车辆上电正常，可挂挡行驶，如图 4-10 所示。

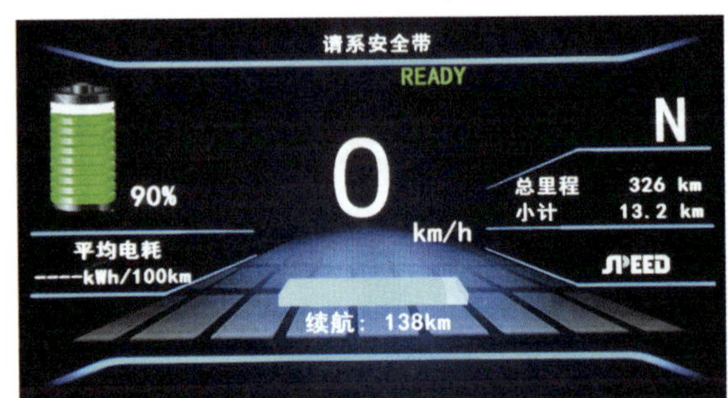


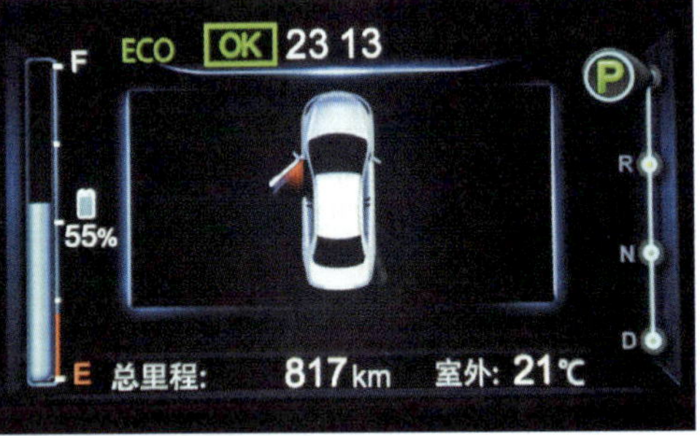


图 4-10　仪表盘上的“READY”或“OK”指示灯

相对于传统燃油汽车，新能源汽车故障类型有明显的区别，运动部件的减少使其机械故障发生的概率明显降低，更多的故障发生在电控部分，一定程度上增加了故障排查的难度，一般涉及高压系统的故障不可自行维修。

新能源汽车与传统燃油汽车在底盘系统和车身电器系统上并没有太大差别，这两部分的故障可以沿用传统燃油汽车的应对方式进行处理。动力系统故障则存在非常大的差异，由于其机械结构相对简单，因此大多数的物理故障或逻辑故障都可以通过控制单元监测，最终反映在仪表指示灯和故障文字提示上。一般常见故障可以依据仪表故障灯的提示采取相应的方式处理，见表 4-1。

表 4-1 新能源汽车仪表故障提示及处理方式

| 序号 | 故障灯 | 名称 | 点亮原因 | 处理方式 |
| --- | --- | --- | --- | --- |
| 1 |  | 蓄电池报警灯 | 低压系统电压过低或过高，蓄电池或 DC/DC 变换器故障 | 若仪表持续显示“READY”状态，需要马上停车并联系服务站救援；若不得不勉强行驶，需要关闭空调、音响等用电设备，不要操作车窗等设备，注意减速缓行以免突然断电引起车辆转向制动助力以及行驶动力突然消失而引发事故 |
| 2 |  | 充电提醒 | 动力蓄电池 SOC（荷电状态）低于要求 | 指示灯点亮时，需要尽快进行充电；若指示灯闪烁或有报警音，则随时有断电风险，应靠边停车并联系救援 |
| 3 |  | 系统故障灯 | 整车控制系统通信故障或车辆动力系统故障 | 在使用中无论是系统故障灯常亮还是闪烁，一般情况下车辆都失去了继续行驶的能力，需要立即停车并联系救援 |
| 4 |  | 驱动电机温度过高 | 系统检测到驱动电机冷却液温度过高 | 指示灯闪烁表明驱动电机温度过高，动力受限，应该平缓驾驶或停车，等待温度下降；如果指示灯常亮，应立即停车并联系救援 |
| 5 |  | 动力蓄电池温度过高 | 系统检测到动力蓄电池温度过高 | 如果指示灯点亮，应立即安全停车等待电池包降温；若温度长时间不下降或有冒烟等现象，应及时联系救援或消防人员 |
| 6 |  | 动力蓄电池故障 | 动力蓄电池或电池管理器故障 | 如果指示灯常亮，应立即安全停车并联系救援 |

若发生车辆无法起动的情况，可从以下几方面进行检查：

1）检查低压蓄电池电压是否处于正常范围。若采用外接电源起动车辆要注意正确接线，以免损坏蓄电池或车辆。

2）检查感应钥匙是否电量不足，可直接将无电的钥匙放在感应区域应急起动。

3）检查仪表盘内是否有故障灯点亮与故障提示，若故障涉及高压系统，应联系服务站进行维修。

（2）起步

在车辆仪表盘上出现“READY”或“OK”指示灯点亮的情况下，将车辆制动踏板踩下，解除驻车制动，将挡位挂到“D”挡，松开制动踏板后，轻踩加速踏板即可平稳起步。目前有很多新能源车型为了降低驾驶员切换难度，模拟了传统燃油且装备自动变速器车型的蠕行功能，即只要松开制动踏板车辆就会以5～10 km/h的速度向前行驶。

**【提示】**

● 坡道起步时部分不带自动驻车或上坡辅助功能的车型可能会有溜车现象，可配合驻车制动起步。

● 由于电机具有低速高扭矩的特性，起步比传统燃油汽车更突然，一定要注意控制踩踏加速踏板的力度。

（3）减速

大部分新能源汽车都带有能量回收的功能，可利用车辆减速的能量给动力蓄电池充电，松开加速踏板就会有明显的减速感。因而相对传统燃油汽车，滑行距离会明显缩短，需要提前预判。

部分新能源车型通过制动踏板来开启能量回收功能，因此制动踏板行程会较传统燃油汽车更长，制动踏板前段没有制动片的物理摩擦，因此制动力变化不是线性的，需要加大制动力时必须迅速踩下制动踏板。

**【提示】**

● 部分新能源汽车（如日产聆风）有单踏板模式，在此模式下只需用一个加速踏板即可控制车辆的加速和制动，与传统的汽车驾驶方式有很大的区别，需要充分适应，以免突然制动时操作失误导致追尾事故的发生。

（4）节电驾驶

车辆的能耗主要取决于路况、车速、车辆负载和附件能量消耗等几个因素，而平

缓的起步和制动都能够有效降低能量的损耗，要获得更多的续航里程需要注意以下几点：

1）行驶过程中减少车速变化，尽量以恒定车速行驶。

2）保持合理车距，减少反复的加减速，避免急加速、急减速。

3）合理调节空调温度，在不必要的情况下关闭制冷或制热功能。

4）在高速公路上行驶时关闭所有车窗，并采用合理的车速行驶。

（5）起火处理

新能源汽车若在行驶过程中发现车辆冒烟，或有高压部件温度过高的情况，需要立即安全停车，将开关置于“OFF”挡，必要时断开蓄电池负极，并及时撤离到安全地带，视情况联系服务站或消防人员。

【提示】

高压部件或线束温度过高可能是负载电流过大或是线路短路引起的，有可能对线束、部件的结构或绝缘性产生破坏，导致漏电、燃烧。

动力蓄电池的大规模使用仅有短短几年时间，目前大多数地区的消防部门并没有针对动力蓄电池或者新能源汽车失火的专用解决方案，因此新能源汽车发生起火相对于传统燃油汽车来说更难处理。动力蓄电池一旦着火，个人是没有能力进行扑救的，应第一时间逃至安全距离以外，疏散周围人员并报警寻求消防人员的帮助。

1）随车灭火器的选用

目前新能源汽车采用的动力蓄电池类型多样，本身特性也有较大区别，并且一般动力蓄电池的化学特性比较活跃，一旦起火，使用随车灭火器灭火没有理想的使用效果，因此应选择比较常见的干粉灭火器来处理车辆除动力蓄电池之外的火情。

2）车辆起火的处理与人员疏散

若火情发现较早，只有异味伴随烟雾或者火苗较小，并且明显不是来自动力电池安装位置时，应立即关闭车辆电源开关，疏散所有司乘人员，尝试用随车灭火器灭火，并同时与消防人员保持联络。

若火情发现时火势已经较大，或烟雾与火苗来自动力蓄电池位置时，应迅速疏散司乘人员至安全区域，拨打火警电话，如附近有消防设施，可尝试在安全距离处使用高压水枪控制火情。

**【提示】**

● 动力蓄电池燃烧可能产生大量有毒气体，若在室外，需要疏散至上风处的安全距离外，以免吸入有毒气体。若在封闭空间发生火灾，人员应迅速撤离至室外通风良好处，若不慎吸入有毒气体应及时就医。

● 动力蓄电池燃烧可能会引起爆炸，因此在救援时应注意与车辆保持安全距离。

● 部分动力蓄电池化学性质十分活跃，有可能随时复燃，要随时观察车辆状况，以免电池复燃引起危险。

● 动力蓄电池泄漏的电解液对人体有害，不可在无防护的情况下接近车辆或处理车辆。

（6）拖车

与传统燃油汽车相比，新能源汽车，特别是纯电动汽车，大多没有真正意义上的空挡，如果采用拖车绳拖车有可能引起电气系统故障，故应采用平板拖车或驱动轮离地的方式拖车，若紧急情况下要采用拖车绳拖车，需要将车辆电源置于“ON”挡，以使转向助力与制动助力有效，同时打开车辆的危险警告灯，以低于 20 km/h 的速度行驶。

**【提示】**

是否能够采用驱动轮着地的方式拖车需要查询使用手册或咨询厂家，以免损坏车辆。

## 2. 充电安全

充电是纯电动汽车和插电混合式动力汽车主要的能量补充方式，为了缩短充电时间，充电功率不断上升，目前批量生产投入使用的充电桩最大充电功率已经达到 135 kW，因此对充电安全的要求也越来越高。

（1）充电方式

目前，新能源汽车充电方式可分为交流充电和直流充电两种。

直流充电目前投入使用的最高充电功率已超过 100 kW，国标直流充电桩可以达到 60 kW，一般充满时间在 1～2 h 之间，但必须通过商用的直流充电桩进行。

交流充电有交流充电桩充电和家用插座充电两种方式。有条件的用户可以安装家用交流充电桩，没有充电桩时可直接用家用插座充电，但是充电速度比较慢，由于电网负

荷以及安全原因，依据《电动汽车传导充电系统　第1部分：通用要求》（GB/T 18487.1—2015），家用交流充电桩一般功率在7 kW（220 V、32 A）以内，而使用家庭插座进行充电时，16 A的三脚插座功率不超过3 kW（220 V、13 A），10 A的三脚插座功率不超过1.8 kW（220 V、8 A）。不同类型的充电电源如图4-11所示。

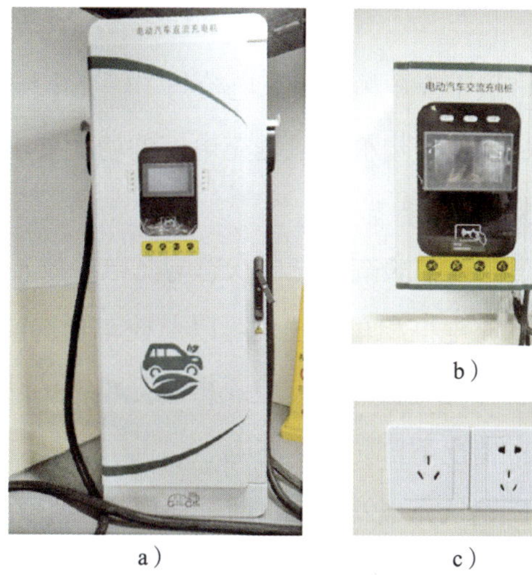

a）　b）　c）

图4-11　不同类型的充电电源

a）直流充电桩　b）交流充电桩　c）家用插座

（2）充电场地要求

由于充电时动力蓄电池和相关部件处于长时间的高负荷运行状态，可能会产生大量热量，因此充电地点必须保持良好的通风，周围无易燃易爆物品。

虽然新能源汽车的充电插头和部件都有防水设计，但是仍然不建议雨雪天气时在没有遮挡的露天充电。

充电时气温过低或过高，会对充电速度造成明显的影响，若车辆装备有动力蓄电池主动温控设备，则可进行正常的充电，电池管理系统会自动调节合适的电池温度和充电电流，如充电车辆的动力蓄电池只有物理散热，则要避免在极端温度条件下充电（动力蓄电池正常可充电环境温度为 -20～50 ℃），以免引起动力蓄电池损坏或产生危险。

【提示】

若使用三脚插座充电，必须保证有可靠的接地。

除了场地和设备需要满足一定的条件，新能源汽车在进行充电之前，必须保证充电设备和车辆的状态正常。充电接口与充电枪内针脚应确认无弯曲、无锈蚀、无杂物或水迹。充电时，不建议有人员停留在车内。

（3）安全充电方法

1）使用充电桩的充电方法

使用充电桩充电的流程如图4-12所示。

①关闭车辆电源，拔出钥匙，确保车辆处于“OFF”挡。

②解锁充电口盖，打开充电口的防尘盖。依据供电的充电桩类型选择慢充或快充

接口。

③取下充电枪，将充电枪与车辆充电接口可靠连接。

④操作充电桩，依据充电桩的功能要求，通过刷卡、App 设置等方式进行充电设置并开始充电。

⑤通过仪表查看充电状态与充电参数。

⑥充电桩和车辆仪表可以监控车辆的实时充电数据，等待充电完成或在电量达到需求时操作充电桩停止充电。根据充电桩的功能，也可预设充电的电量，充电桩可在无人监控的情况下自动停止充电。

⑦确认充电停止后，断开充电枪与车辆的连接。

⑧放置好充电枪，关闭充电口防尘盖和充电口盖，结束充电。

图 4-12　使用充电桩充电的流程

2）使用家用插座的充电方法

使用家用插座充电的流程如图 4-13 所示。

①将车辆停靠在距离充电使用的三脚插座足够近的位置，关闭车辆电源，拔出钥匙，确保车辆处于“OFF”挡。

②解锁充电口盖，打开慢充口的防尘盖。

③取出充电枪，将充电枪与车辆充电接口可靠连接。

④将充电枪插头端与符合要求的三脚插座可靠连接。

⑤系统自动开始充电，通过充电控制盒指示灯和车辆仪表可以监控车辆的实时充电情况。

⑥等待充电完成或在电量达到需求时，按下充电枪机械按钮并断开充电枪与车辆的连接。配置有充电枪防盗功能的车辆需要先解锁车辆。

⑦将充电枪插头端与三脚插座断开。

⑧放置好充电枪，关闭充电口防尘盖和充电口盖，结束充电。

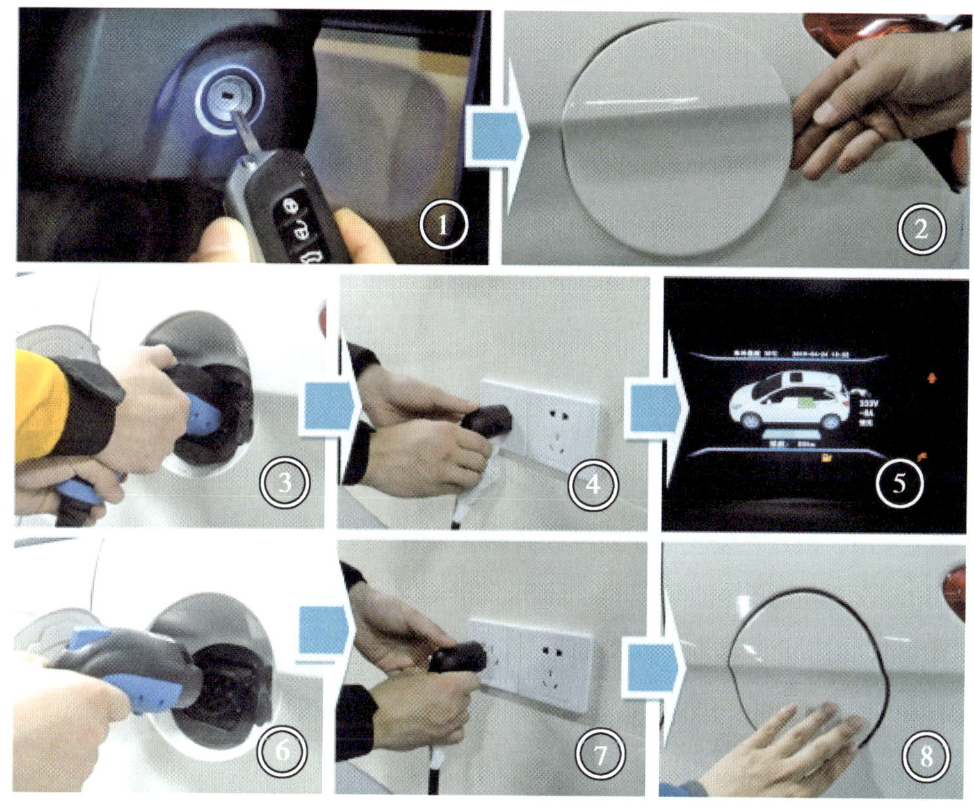


图 4-13　使用家用插座充电的流程

### 3. 加氢安全

燃料电池汽车的能量来源是氢气。相对于汽油和动力蓄电池来说，氢气在常温、常压状态下的能量体积比太小，因此氢气在储存和运输过程中都采用加压的方式来减小体积，以提高空间的利用效率。这一方法也带来了一些问题，氢气本身的一些特性使车用氢气在一定程度上并没有汽油方便。

（1）氢气的性质

氢在元素周期表中位于第一位，常温、常压下的单质形态是气体，无色无味，极易燃烧。氢气的爆炸极限是 4.0%～74.2%，属于易爆气体。氢气的密度很低，在标准大气压、0 ℃的情况下，密度为 0.089 9 g/L，单位体积质量只有空气的 7% 左右。

（2）氢气的储存

氢气的密度小，因此能量密度低。新能源汽车的一项重要指标是续航里程，而怎样在汽车有限的空间里多储存一些氢气就成了一项难题。

目前，氢气采用的主流储存方法有低温液化储氢、压缩储氢、金属氢化物储氢等。低温液化储氢需要非常低的温度，需要复杂的附属设备并且消耗很大的能量，因此不适合车用。金属氢化物储氢则需要通过化学反应得到氢气，也不适合在汽车上使用。因此新能源汽车上目前使用最多的方式是压缩储氢。

依据《车用压缩氢气铝内胆碳纤维全缠绕气瓶》（GB/T 35544—2017）的要求，目前汽车用储气罐分为 A 类和 B 类两类，A 类储气罐工作压力为 25 MPa 或 35 MPa，设计使用年限为 15 年，循环寿命为 11 000 次；B 类储气罐工作压力为 50 MPa 和 70 MPa，设计使用年限为 10 年，循环寿命为 7 500 次。当储气罐实际使用年限未达到设计使用年限，但是充装次数达到设计循环次数时，应当报废。在充装和使用过程中，储气罐的温度不应低于 -40 ℃或者高于 85 ℃。

（3）氢气的安全使用

氢气的储存必须使用符合要求的容器，压力容器的设计制造已经比较成熟，并且由于氢气密度小，泄漏之后非常容易扩散，只要不是密闭空间，发生泄漏及爆炸的概率不会明显高于传统燃油汽车。

此外，为了减少事故发生的可能性，氢气在制备、储存、运输以及加注的过程中都采用了各种措施来降低危险发生的可能性。针对氢气本身容易造成金属材料性能下降的特性，目前的储氢设备都采用多层复合材料的制作工艺，各种管道、阀门也采用适合储存氢气的材料制作，从根本上解决了氢气长时间储存和工作的限制条件。而采用氢能源的车辆电气系统也有相应防静电、阻燃、防爆、耐候的要求。在整个系统中，在相应的部位通过对压力、温度、流量的监控，以及设置安全阀、单向阀、热溶栓等物理措施，控制整套系统的工作状态，并在发生异常时可完成报警、防漏、泄压等动作。

氢能源汽车虽然在技术上还存在一定的不足，但在使用安全性上已经不存在明显的

瓶颈，可以放心使用。

## 思考与练习

1. 简述车辆高压线束检查内容的规范。
2. 简述现阶段氢气在储存和使用过程中存在的问题。
3. 新能源汽车起火后的首要任务是什么？
4. 简述新能源汽车充电桩充电的操作流程。

# 技能实训 4　新能源汽车常规检查

| 实训名称 | 新能源汽车常规检查 | 日期 | | 成绩 | |
| --- | --- | --- | --- | --- | --- |
| 学生姓名 | | 学号 | | 班级 | |

## 一、实训目的

1. 能按照标准完成新能源汽车的常规检查。

2. 能识别纯电动汽车常见故障灯。

## 二、实训内容

查阅相关资料并进行小组讨论，将表格填写完整。

1. 小组分工

| 操作员 | | 记录员 | |
| --- | --- | --- | --- |
| 监护员 | | 展示员 | |

2. 认识高压系统故障灯

| 故障灯 | 名称 | 点亮原因 |
| --- | --- | --- |
|  | | |
|  | | |
| 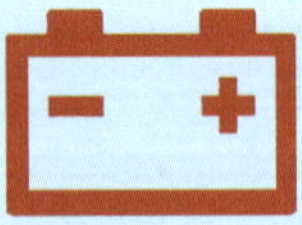 | | |
|  | | |

续表

| 故障灯 | 名称 | 点亮原因 |
| --- | --- | --- |
| | | |
| | | |
| | | |

3. 车辆定期维护检查

| 图示 | 项目 | 结果 |
| --- | --- | --- |
| | 冷却液液位 | □正常 □偏高 □偏低 |
| | 冷却液状况 | □良好 □变色 □沉淀 |
| | 处理方案 | □调整 □更换 |
| | 制动液液位 | □正常 □偏高 □偏低 |
| | 制动液状况 | □良好 □变色 □沉淀 |
| | 处理方案 | □调整 □更换 |
| | 玻璃清洗液 | □已添加 □未添加 |
| A/C | 空调制冷 | □正常 □不工作 □有故障 |

续表

| 图示 | 项目 | 结果 |
|---|---|---|
| 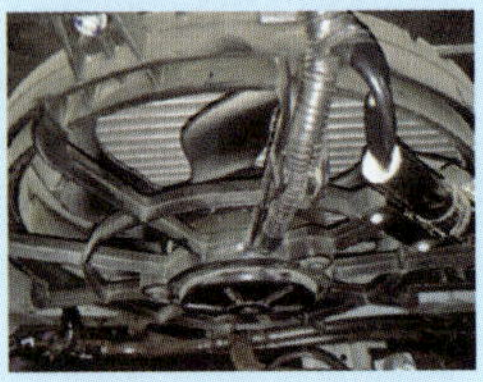 | 散热风扇 | □正常　□不工作　□有故障 |
| 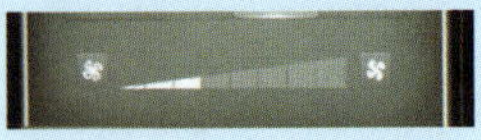 | 风量调节 | □正常　□不工作　□有故障 |
|  | 出风位置调节 | □正常　□不工作　□有故障 |
| 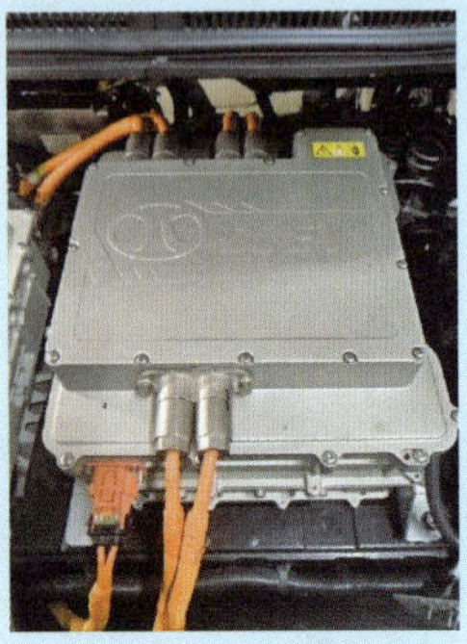 | 高压控制盒（PDU）外观 | □正常　□破损　□脏污 |
| | 高压控制盒（PDU）的安装 | □正常　□位置偏移　□固定不良 |
| 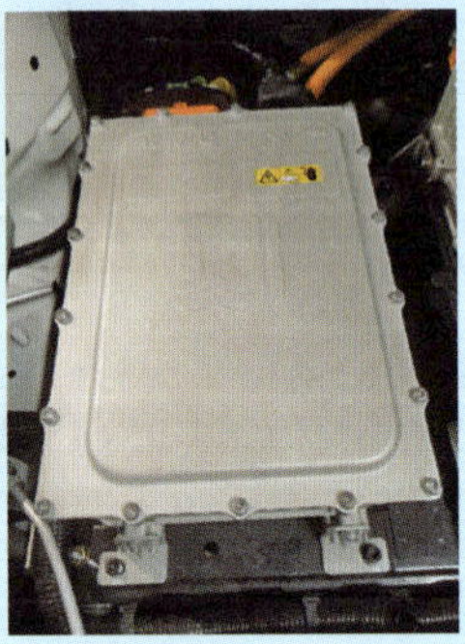 | 驱动电机控制器外观 | □正常　□破损　□脏污 |
| | 驱动电机控制器的安装 | □正常　□位置偏移　□固定不良 |
|  | 驱动电机外观 | □正常　□破损　□脏污 |
| | 驱动电机的安装 | □正常　□位置偏移　□固定不良 |

续表

| 图示 | 项目 | 结果 |
| --- | --- | --- |
|  | 前机舱高压线束外观 | □正常 □破损 □脏污 |
| 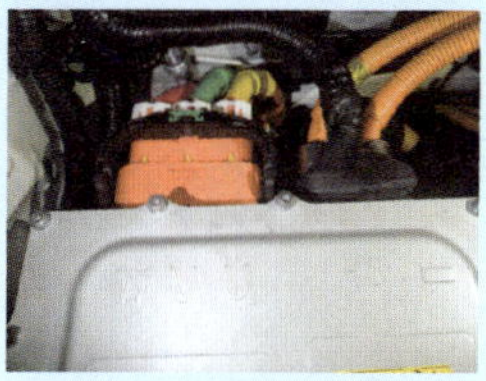 | 前机舱高压线束的安装 | □正常 □位置偏移 □固定不良 |
|  | 直流充电口外观 | □正常 □破损 □脏污 |
| | 直流充电口的安装 | □正常 □位置偏移 □固定不良 |
|  | 交流充电口外观 | □正常 □破损 □脏污 |
| | 交流充电口的安装 | □正常 □位置偏移 □固定不良 |

## 三、检验与评估

1. 小组互评

其余小组根据展示小组代表阐述的本组任务实施过程进行评价，并记录评价结果。

| 序号 | 评价标准 | 各组评价结果 |
| --- | --- | --- |
| 1 | 任务目标制定合理恰当 | |
| 2 | 任务过程表述清晰明确 | |
| 3 | 任务结果符合实际情况 | |

续表

| 序号 | 评价标准 | 各组评价结果 |
|---|---|---|
| 4 | 任务计划切实有效执行 | |
| 5 | 任务体会感受情感真实 | |
| 综合评价 | | |

2. 组内互评

组长：________　　组号：________

| 姓名 | | | | | | | | | | |
|---|---|---|---|---|---|---|---|---|---|---|
| 分工 | | | | | | | | | | |
| 评价 | | | | | | | | | | |

注：评价采用 5 分制。

3. 自我反思和自我评价

根据在课堂中的实际表现，自行填写。

| 自我反思 | |
|---|---|
| 自我评价 | |

## 四、实训考核

考核标准表

| 项目 | 评分标准 | 分值 | 得分 |
|---|---|---|---|
| 工作任务接收 | 正确接收并理解工作任务要求 | 10 | |
| 资料收集 | 熟知高压系统故障灯点亮的原因及处理方法 | 10 | |
| 计划制定 | 按规范作业要求检查前机舱内以及车身上高压部件的状况，明确实训中的注意事项和小组成员分工 | 10 | |

续表

| 项目 | 评分标准 | 分值 | 得分 |
|---|---|---|---|
| 计划实施 | 正确认识高压系统各部件 | 10 | |
| | 正确认识高压部件高压线束的连接情况 | 10 | |
| | 正确认识高压部件低压控制线束的连接情况 | 10 | |
| | 正确进行高压部件及线束外观检查 | 10 | |
| | 正确进行各项油液的检查 | 10 | |
| 质量检查 | 任务完成良好，操作过程规范 | 10 | |
| 评价反馈 | 能根据自身及队友表现进行客观评价 | 5 | |
| | 能在任务实施过程中发现自身及队友的问题 | 5 | |
| 合计 | | 100 | |

# 模块五 新能源汽车高压系统的断电操作

## 学习目标

1. 了解新能源汽车高压电缆接插件的常见类型。
2. 掌握新能源汽车高压电缆接插件的解锁方法。
3. 掌握新能源汽车高压系统的断电方法。
4. 能规范进行新能源汽车高压系统断电和验电操作。

**●任务描述：**

小张是北汽新能源 4S 店一名修理技师，今接到一辆北汽 EV200 纯电动汽车送店修理工作任务，用户反映该车不能上电。小张经过后台数据分析，判定动力蓄电池内部存在故障。小张安排新员工小王先对车辆进行高压系统断电操作。

想一想，小王要如何完成高压系统断电操作？

**●任务分析：**

新能源汽车具有高电压，因此在维护与修理新能源汽车前，必须先按照高电压操作规程执行高压系统的断电操作。断开系统高电压以后，可以在一定程度上确保

汽车高压系统不再具有高电压，从而保证维修作业人员的人身安全。因此，在进行新能源汽车高压维修前必须正确掌握高压电缆接插件的解锁方法，提前了解新能源汽车高压系统断电流程和安全操作注意事项。

## 相关理论

### 一、新能源汽车高压电缆接插件的解锁方法

高压电缆是新能源汽车高压部件工作的桥梁和纽带，而插接件是高压电缆中的核心部件之一。插接件的作用是在电路内被阻断处或孤立不通的电路之间架起沟通的桥梁，从而使电流流通，使电路实现设计功能。插接件的性能直接决定线束的整体性能，而且对全车的电器稳定性、安全性起着决定性的作用。

#### 1. 新能源汽车高压电缆接插件的类型

新能源汽车高压电缆插接件的主要应用部件有动力蓄电池、高压控制盒、DC/DC 变换器、车载充电机、空调压缩机、空调 PTC 加热器、驱动电机、直流充电口、交流充电口、高压电缆、维修开关等。

高压电缆接插件的种类很多，可按接触件结构形式和锁止机构类型两种方式划分。

（1）按高压电缆接插件的接触件结构形式划分

在新能源汽车上高压大电流的接插件，一般通过的电流高达 100～400 A，因此要求其具备通过大电流的能力，接触性能、稳定性非常重要。设计大电流接插件时，选用何种接触形式将直接决定连接器的质量和成本，通常接插件的接触形式主要有片式、片簧式和线簧式三种。

1）片式接插件

片式接插件的插孔为圆柱筒开槽并收口的形式，插孔采用铍青铜丝（棒）加工，原材料价格较贵，且后续收口工序较难控制，产品质量一致性较难保证，成本较高。片式接插件的结构如图 5-1 所示。

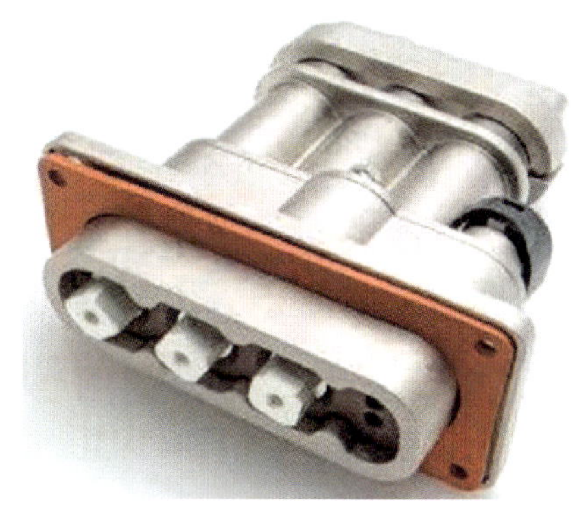

图 5-1　片式接插件

2）片簧式接插件

片簧式接插件的插孔为冠簧孔，插孔内安放有 1～2 个片簧圈，每个片簧圈由多个弹簧片组成。所

有弹簧片都向里拱，组成具有弹性的弹簧圈，当插孔和插针相配时，每个弹簧片都和插针接触并且产生挤压力，保证多点稳定接触。

片簧式插孔由黄铜车制件及冠簧冲压件组成，产品一致性好，成本低。图 5-2 所示插孔结构采用了双曲线冠簧技术，接触面积可增加 65%，其表面为高耐磨性的镀银层。

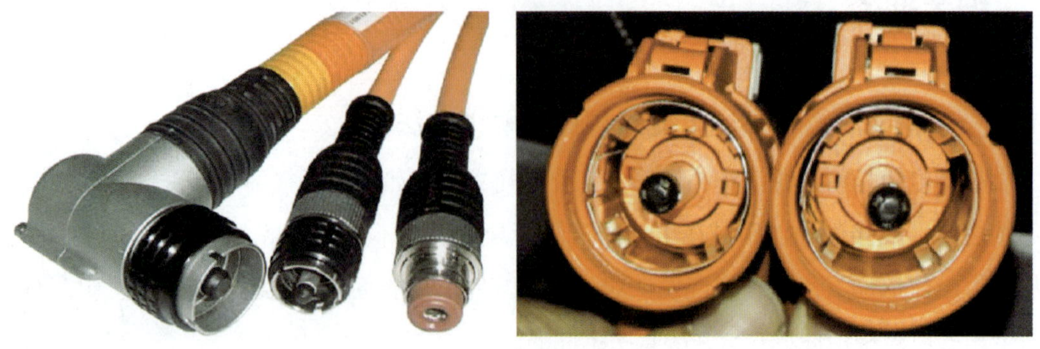

图 5-2　片簧式接插件

3）线簧式接插件

线簧式接插件的插孔为线簧孔，插孔的结构和片簧式插孔的结构相似，只是由弹簧线组成。线簧式插孔虽然性能优良，但是工艺复杂，成本较高。线簧式接插件内部结构如图 5-3 所示。

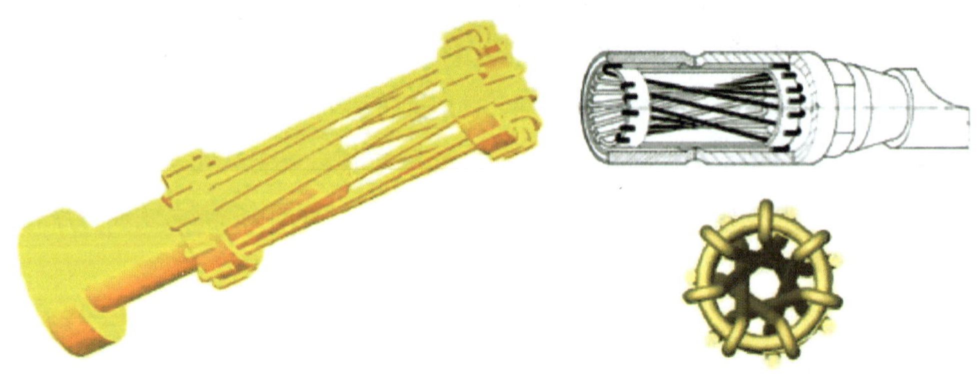

图 5-3　线簧式接插件内部结构

（2）按高压电缆接插件的锁止机构不同来划分

为了避免人为意外触发或者行驶中因为震动等因素断开，新能源汽车高压电缆接插件设置有锁止机构。高压电缆接插件按锁止机构的不同可分为以下几种。

1）一级锁止机构式高压电缆接插件

一级锁止机构式高压电缆接插件广泛应用于新能源汽车高压连接电缆中，包括相互配接的接插件插头、接插件插座及加强两者连接的锁扣，典型应用有快充电缆的插接件（见图 5-4）和动力蓄电池电缆的插接件（见图 5-5）。

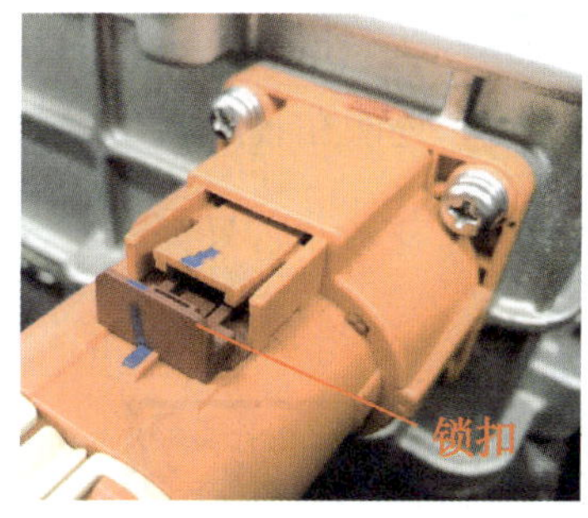

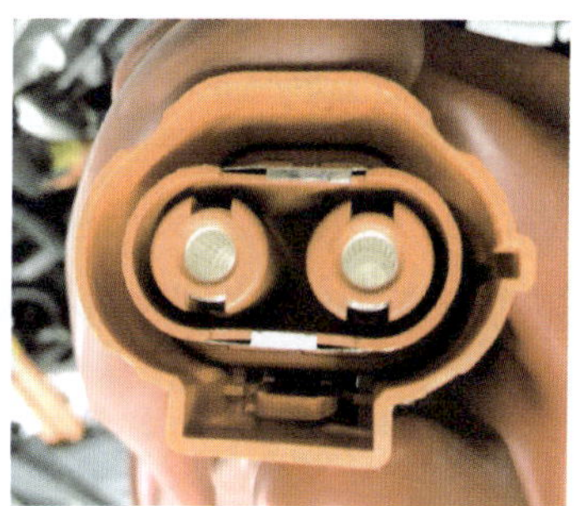

图 5-4 快充电缆的接插件

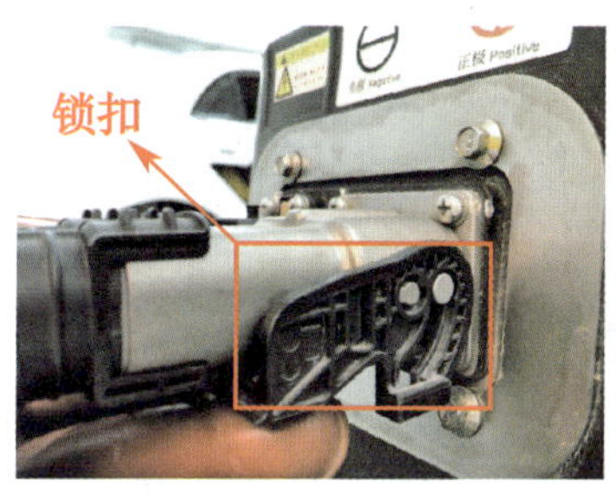


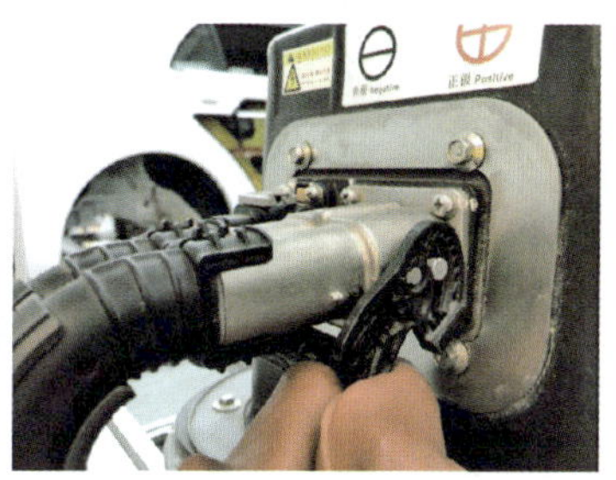

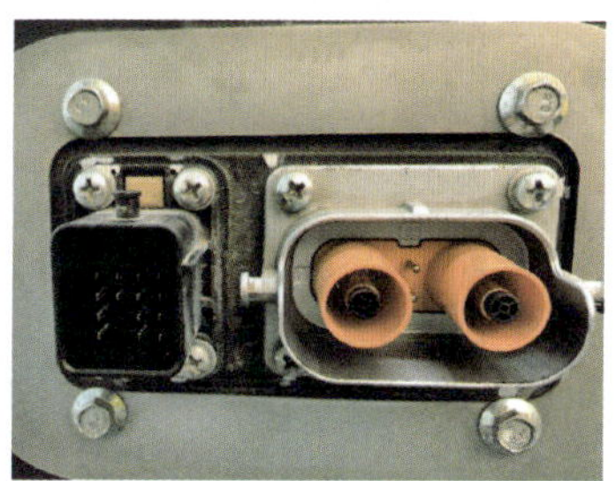

图 5-5 动力蓄电池电缆的接插件

2）二级锁止机构式高压电缆接插件

二级锁止机构式结构常用于新能源汽车的维修开关，如普锐斯、比亚迪电动汽车系列的维修开关。其结构中包括相互配接的接插件插头、接插件插座及加强两者连接的助力手柄，如图 5-6 所示。

图 5-6 二级锁止机构式高压电缆接插件

3）三级锁止机构式高压电缆接插件

北汽 EV200 汽车的维修开关是三级锁止机构式，结构如图 5-7 所示，包括相互配接的接插件插头、接插件插座及加强两者连接的内外侧两个助力手柄。

4）航空插头

大电流航空插头的应用十分广泛，在新能源汽车部分大电流接插件上也有应用。新能源汽车航空插头可以承受较高电流与电压，承受高强度震动、高温、水雾以及灰尘等恶劣环境，而且插拔方便，在保证芯数的情况下，具有足够小巧轻便的特点，另外插拔系统在受到震动、撞击或者电缆被拉扯的情况下，也可保证安全，还能在有限的空间内进行操作。航空插头一般为 2～64 芯，这样插拔自锁系统比较安全。图 5-8 所示为 19 芯航空插头，插座的外表面和插头的内表面有相配合的螺纹。

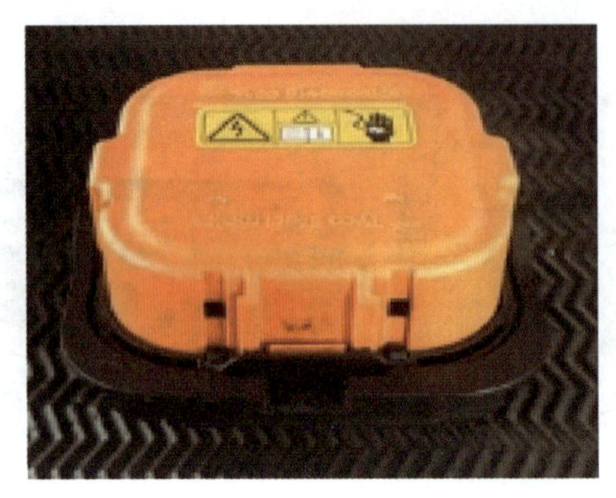
图 5-7　三级锁止机构式高压电缆接插件

图 5-8　19 芯航空插头

## 2. 解锁方法

高压电缆接插件解锁方法与低压线束有所不同，解锁高压电缆接插件时要依次解除锁扣后拔下，禁止使用蛮力强行拆卸。

（1）一级锁止机构式高压电缆接插件的解锁方法

一级锁止机构式高压电缆接插件的解锁方法如图 5-9 所示。

1）将锁扣 2 往外拉出。

2）按下位置 1。

3）将高压电缆接插件均匀用力向外拔出。

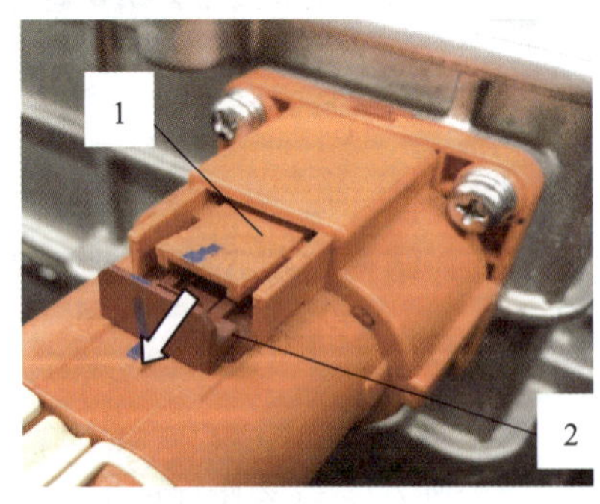


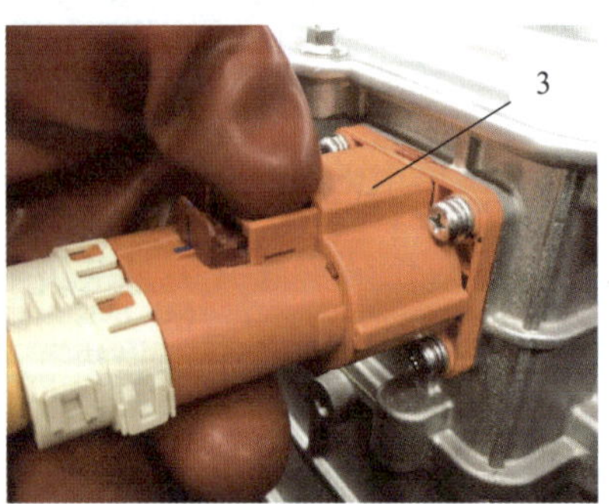


图 5-9　一级锁止机构式高压电缆接插件的解锁方法

一级锁止机构式高压电缆接插件的安装方法如图 5-10 所示。

1）将接插件针孔与接插件针脚对齐推入。

2）将锁扣 2 轻轻推入底部。

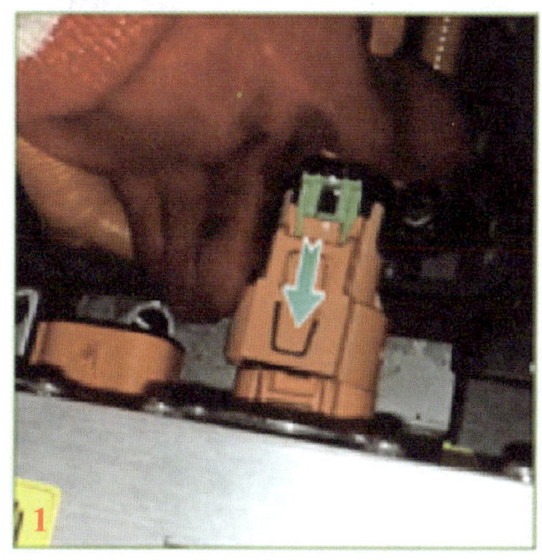

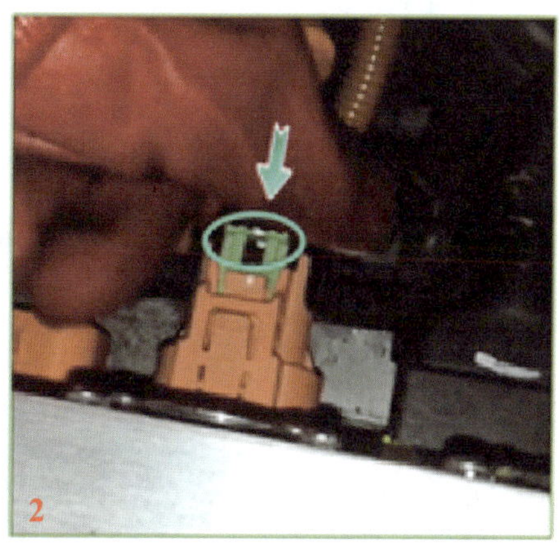


图 5-10 一级锁止机构式高压电缆接插件的安装方法

动力蓄电池电缆接插件的解锁方法如图 5-11 所示。

1）将锁扣往下逆时针旋转直至旋至垂直位置。

2）将高压电缆接插件均匀用力向外拔出。

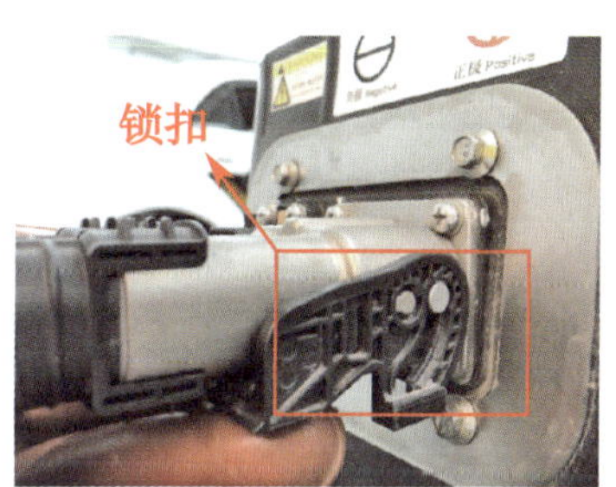

图 5-11 动力蓄电池电缆接插件的解锁方法

（2）二级锁止机构式高压电缆接插件的解锁方法

以比亚迪 e5 的维修开关为例，解锁方法如图 5-12 所示。

1）用手将助力手柄锁扣向上提。

2）将助力手柄脱出锁头，然后缓慢向上抬高助力手柄，接插件会慢慢退出。

3）缓慢抬起助力手柄由水平位置变为垂直位置时，接插件已全部处于拔出状态。

4）将助力手柄上提即可将其取出。

安装时以倒序进行，注意二级锁止机构要依次插拔，强行插拔会导致接插件锁止机构失效。

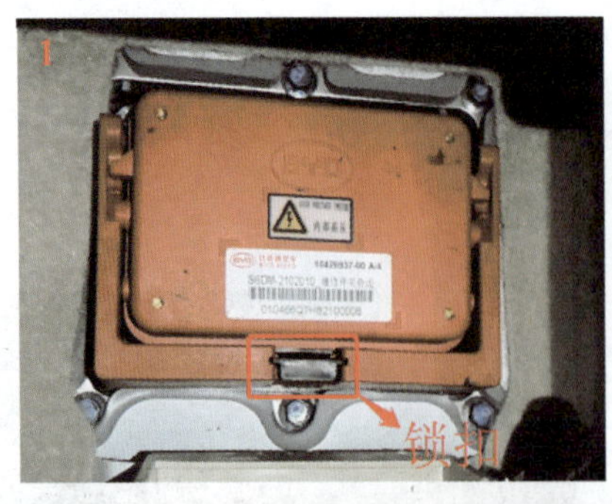

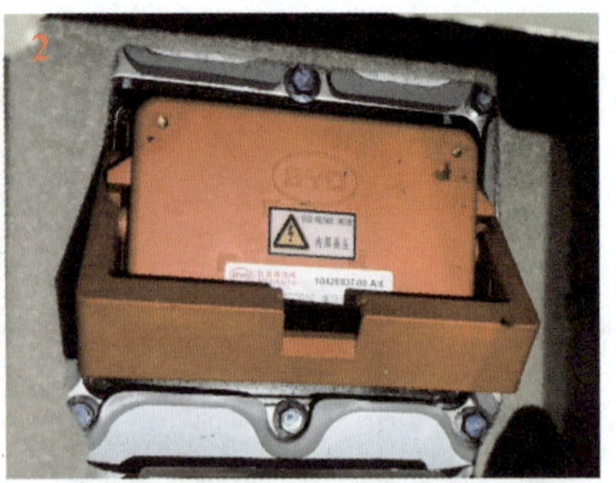

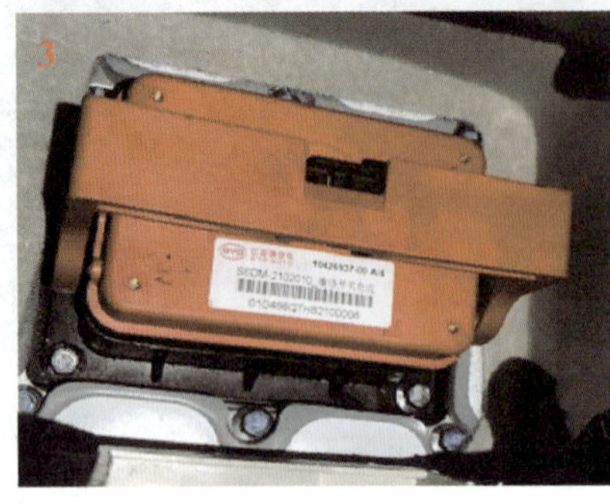

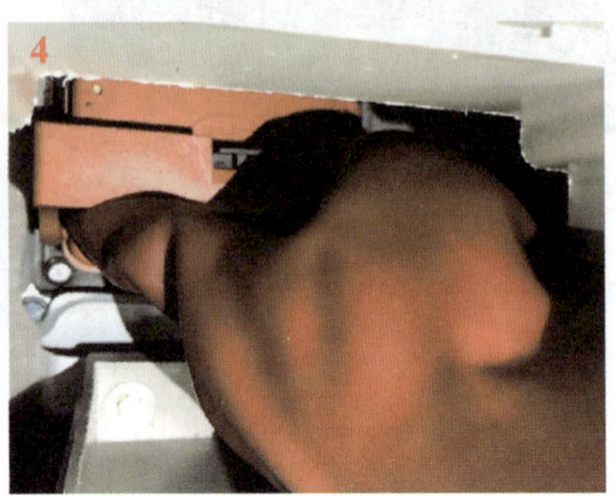


图 5-12　二级锁止机构式高压电缆接插件的解锁方法

（3）三级锁止机构式高压电缆接插件的解锁方法

北汽 EV200 汽车维修开关是三级锁止机构式，其解锁方法如图 5-13 所示。

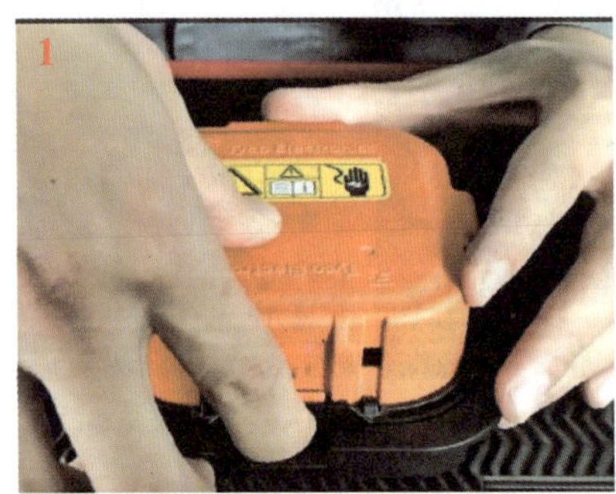

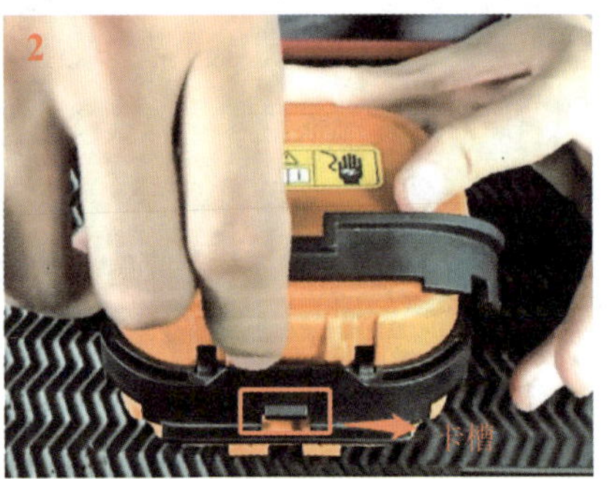

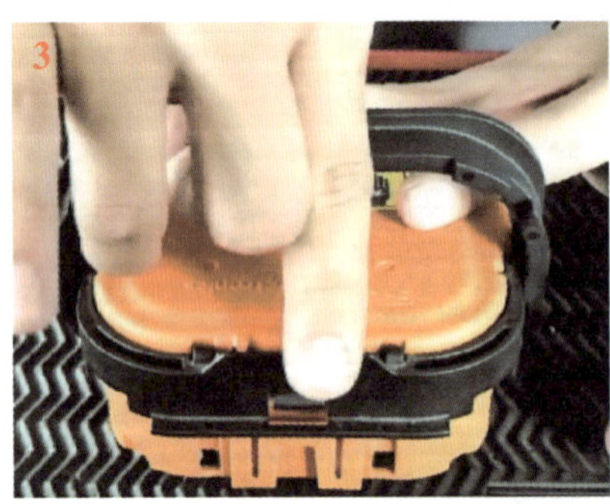


图 5-13　北汽 EV200 汽车维修开关的解锁方法

1）按住黑色卡槽。

2）将黑色外侧助力手柄缓慢向上抬高。

3）再按黑色卡槽，将黑色内侧助力手柄缓慢向上抬高，当助力手柄由水平位置变为垂直位置时，接插件已全部处于拔出状态，将助力手柄上提即可将其取出。

北汽 EV200 汽车动力蓄电池高压母线采用另一种三级锁止机构，解锁方法如图 5-14 所示。

1）将蓝色锁销轻轻向后拉出，待锁销与底部橙色外壳接触即接触第一道锁。

2）侧向按压刻有“PRESS”标识的锁扣，同时两侧均匀用力向外推出接插件灰色壳体，待蓝色锁销与灰色壳体外侧凹槽完全贴合即解除第二道锁。向上轻轻顶起接插件底部锁扣解除第三道锁，两侧轻微晃动向外拔出接插件即可。

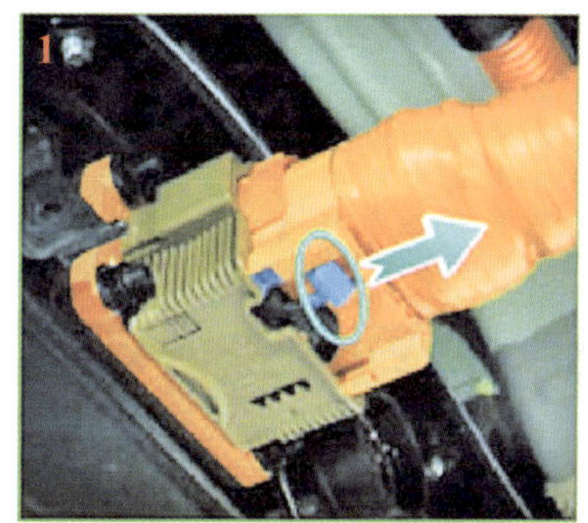

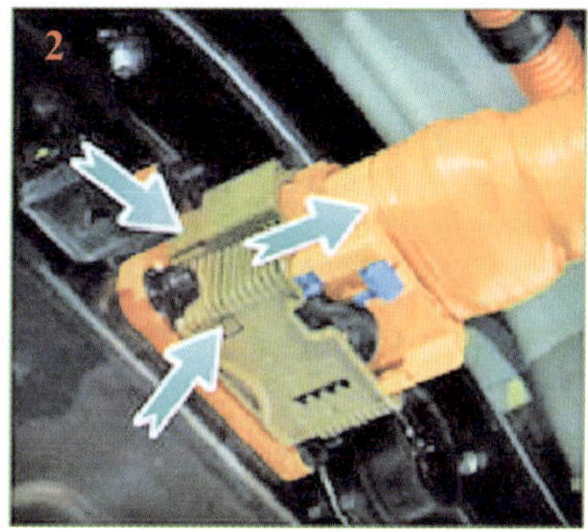


图 5-14　北汽 EV200 汽车动力蓄电池高压母线接插件的解锁方法

北汽 EV200 汽车动力蓄电池高压母线三级锁止机构安装时以倒序插拔，注意三级锁止机构要依次插拔，强行插拔会导致接插件锁止机构失效，具体安装方法如图 5-15 所示。

图 5-15　北汽 EV200 汽车动力蓄电池高压母线接插件的安装方法

（4）航空插头的解锁方法

航空插头插座的外表面和插头的内表面有相配合的螺纹，解锁方法如图 5-16 所示。

图 5-16　航空插头的解锁方法

1）逆时针旋转航空插头端部螺帽。

2）待旋出后将插头从插座中向后拔出。

航空插头的安装方法如图 5-17 所示。

1）将接插件针孔与针脚对齐。

2）轻轻推入使航空插头内止口与接插件定位键咬合。

3）顺时针旋转航空插头端部螺帽直至拧紧。

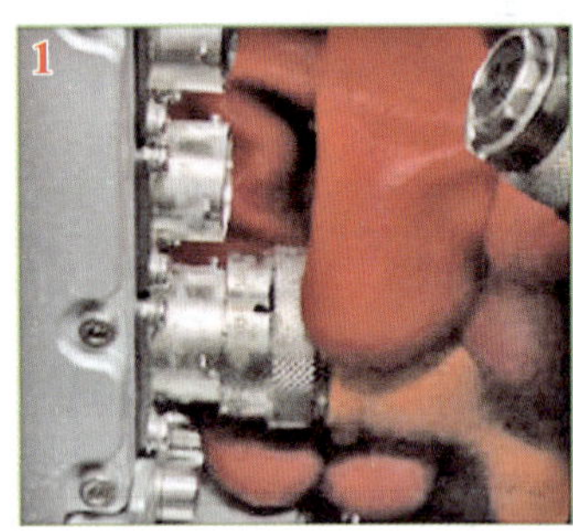

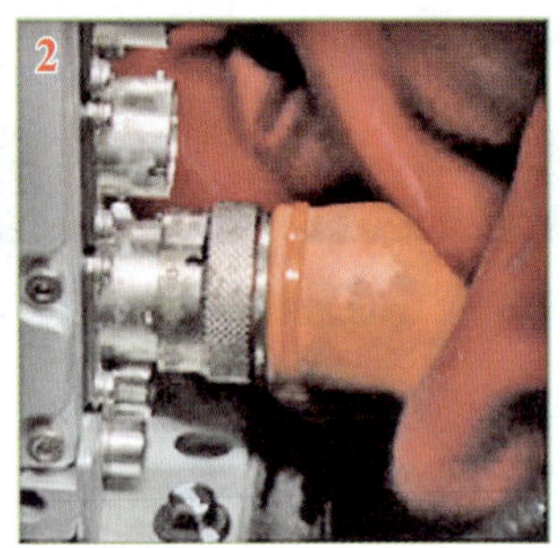

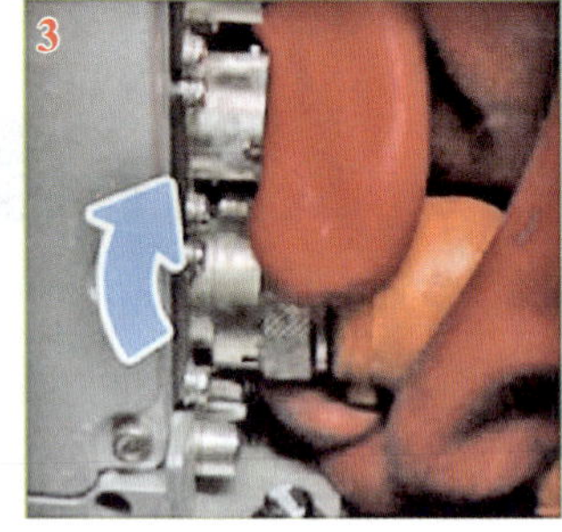


图 5-17　航空插头的安装方法

## 二、高压断电准备工作

### 1. 作业规范

在维修带有高电压的新能源汽车前，务必规范执行高压电的断电和检验操作，避免因意外造成高压触电。在进行高压系统断电前，除需做好场地布置、绝缘用品准备、断开低压电源等工作外，还需了解新能源汽车作业“十不准”：

（1）非持证电工不准装接电动汽车高压电气设备。

（2）任何人不准玩弄电气设备和开关。

（3）破损的电气设备应及时调换，不准使用绝缘损坏的电气设备。

（4）不准利用车身电源对电动汽车以外的用电设备供电。

（5）设备检修切断电源时，任何人不准启动挂有警告牌的电气设备，或合上拔去的熔断器。

（6）不准用水冲洗擦拭电气设备。

（7）熔丝熔断时，不准调换容量不符的熔丝。

（8）不经技术部门或主管部门审批，不准私自改动和加装电动汽车。

（9）发现有人触电，应立即切断电源进行抢救，还未脱离电源前不准直接接触触电者。

（10）雷雨天气，不准在室外对车辆充电和进行维修维护工作。

### 2. 场地布置

作业前应进行现场环境检查，检查绝缘垫，设立隔离柱，布置警戒线，张贴警示牌，以警示相关人员，避免无关人员进入发生安全事故。场地布置示例如图 5-18 所示。

图 5-18　场地布置示例

### 3. 准备绝缘用品

（1）个人安全防护用品

新能源汽车维修人员必须检查并穿戴必要的安全防护用品，如绝缘手套、绝缘鞋、护目镜、安全帽等如图 5-19 所示。安全防护用品的耐压等级需符合作业要求。

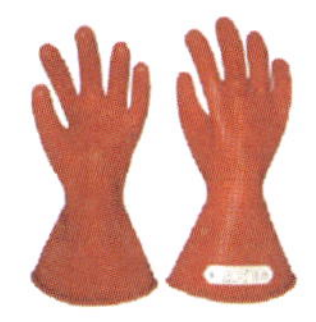

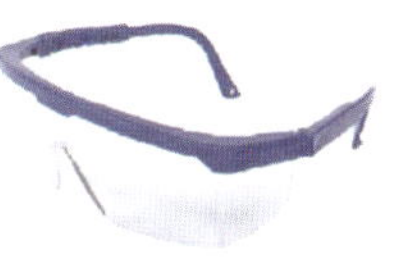

绝缘手套　　绝缘鞋　　护目镜　　安全帽

图 5-19　安全防护用品

（2）绝缘工具

新能源汽车维修中进行高压部件的拆装时需要使用绝缘工具，确保操作人员人身安全。图 5-20 所示为常见绝缘工具套装。

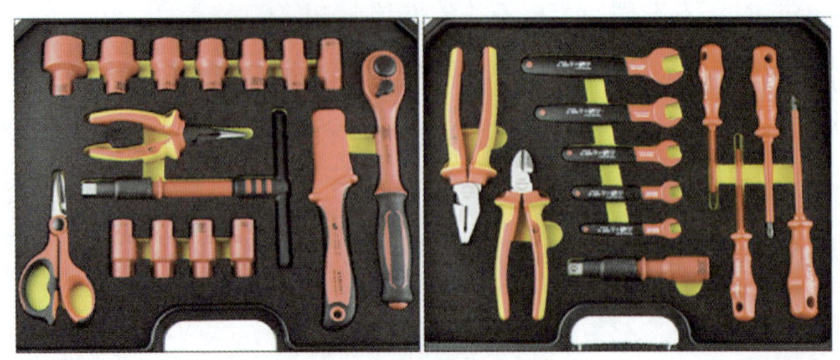

图 5-20　绝缘工具套装

（3）绝缘万用表

对新能源汽车进行电气绝缘性能检测时，需要使用专用的绝缘测试仪器，测量高压电缆及零部件对车身绝缘电阻是否位于规定值范围内。图 5-21 所示为常用的绝缘万用表。

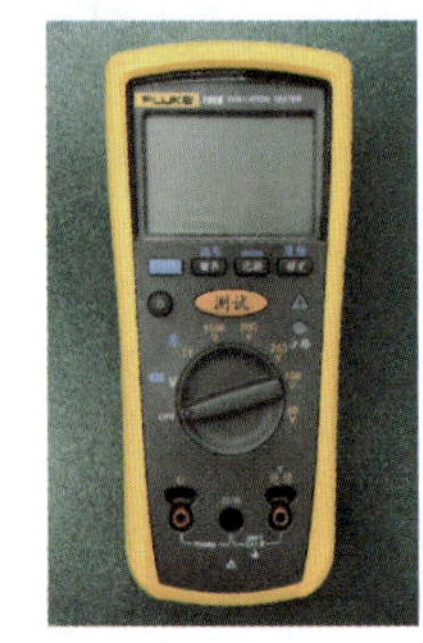

图 5-21　绝缘万用表

### 4. 断开低压电源的方法

（1）关闭车辆点火开关，确认点火开关置于“LOCK”位置，将钥匙放到一个安全的区域，通常应该远离被维护的汽车。

**【提示】**

如果车辆采用按钮起动方式，应将钥匙拿到离车至少 5 m 远的地方，或锁入维修柜，防止汽车意外起动。

（2）所有充电口应用绝缘胶带封住，防止车辆作业时被误充电。

（3）断开低压蓄电池负极，切断低压控制系统，防止在进行高压系统维修时误操作被接通导致高压上电，造成危险，如图 5-22 所示。

（4）对低压蓄电池负极桩做绝缘处理，并等待 5 min 以上，如图 5-23 所示。

**【提示】**

正常情况下，在点火开关关闭后，高压系统可能还存在高压电，这是因为高压部件中存在高压电容，需要等待一段时间，高压电容中的电才能被完全释放。

图 5-22 断开低压蓄电池负极电缆

图 5-23 对低压蓄电池负极桩做绝缘处理

## 三、新能源汽车高压系统断电方法

为了在维修工作期间不给维修人员的健康带来威胁，新能源汽车高电压组件上不允许带危险电压。新能源汽车厂家一般会在动力蓄电池上设计一个串联的手动维修开关，用于人工切断整个动力蓄电池的回路。

部分新能源汽车没有配备专用的维修开关，如 2016 款北汽 EV160、2016 款比亚迪 e5 等车型，此时应在完成高压系统断电准备工作后，断开动力蓄电池高压电缆接插件，再进行高压断电。

以北汽新能源 EV200 汽车为例，维修开关设置在动力蓄电池系统中，属于物理性质的电路开关。其主要功能是在纯电动汽车维修作业时，将动力蓄电池系统内 340 V 左右的电压分成大体相等的两部分，每部分约 170 V 左右，目的是保证维修作业人员的人身安全。

北汽新能源 EV200 汽车高压系统断电方法如下：

### 1. 拆除后排座椅及地板胶

北汽新能源 EV200 汽车维修开关安装在后排座椅地垫位置，拆除维修开关前需要拆除后排座椅及地板胶。

### 2. 拆卸维修开关遮板固定螺栓

佩戴绝缘手套，使用绝缘工具拆卸维修开关遮板固定螺栓。

### 3. 拆除维修开关

如图 5-24 所示，断开并拆除维修开关。

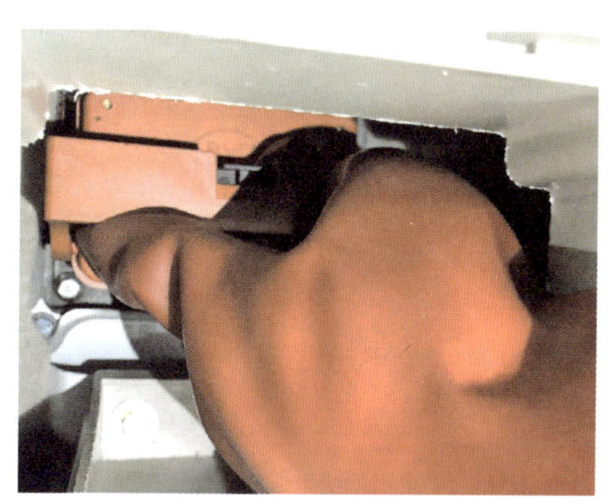
图 5-24 断开维修开关

维修开关拆除后，需放置警示牌。

### 4. 安全存放维修开关

将拆下的维修开关妥善保存在口袋或工具箱中，防止其他人误将其安装回去，将裸露的维修开关槽用绝缘胶布封住。

维修开关被断开后，正常情况下整车的高压部件将不再具有高压，同时动力蓄电池的总输出正负极端口也不再有高压。需要注意的是，即使维修开关被断开，动力蓄电池内的电池及其连接电路仍然具有高压。

### 5. 注意事项

高压系统断电操作应注意以下几点：

（1）维修开关在特殊情况下才可使用，如车辆维修、漏电报警等情况，在非特殊情况下不允许对维修开关进行操作。

（2）维修开关的操作应由专业人员进行，至少操作人员应受过相关培训。

（3）只有在车辆已被下电，以及高压部件电容已充分放电的情况下才能拆下维修开关。

（4）操作时，操作人员必须佩戴必要的安全防护用品，如绝缘手套、绝缘鞋等，其耐压等级必须大于电池组的最高电压。用前需检查其是否完好无损，确保安全。

（5）拔下维修开关后，必须妥善保管，直至检修完毕，避免误操作。

## 四、新能源汽车高压系统检验方法

高压系统检验是利用绝缘万用表再次确认高压断电以后具体维修的部件是否仍存有高压电，如检测出仍有高压电，则需对高压部件进行放电，最终确保所维修部件上不再具有高压电。

### 1. 高压验电

使用绝缘万用表测量所维修高压部件连接器的各个高压端子，检查在执行高压断电以后是否还存在高压。若电源侧显示电压值较大，则说明动力蓄电池系统存在故障。若负载侧有较小电压值，则利用放电工装进行放电。放电结束后，再次测量其电压值，确认电压值为零，如图 5-25 所示。

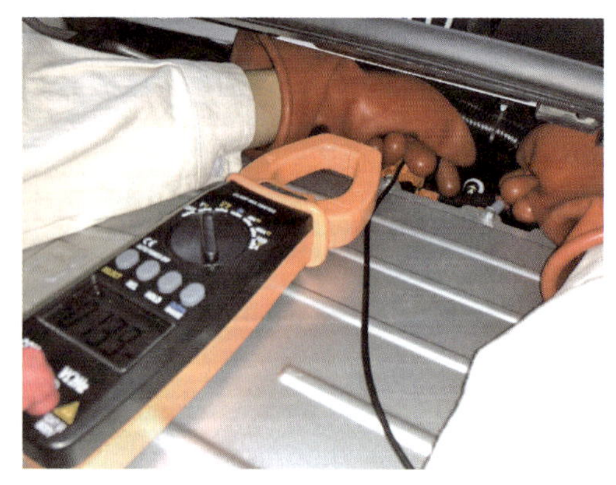

图 5-25　用绝缘万用表测量电压（确认电压值为零）

高压验电操作应注意以下几点：

（1）在检验高电压端子期间，必须佩戴个人安全防护用品。

（2）验电时，必须用电压等级合适且合格的绝缘万用表。

（3）验电后如果仍有高电压，需再次进行放电，在确保没有高压电的情况下再进行下一步操作。

### 2. 高压部件放电

维修新能源汽车时，虽然对电气设备进行了断电处理，但所维修高压部件可能存在残余电量，使用绝缘万用表对所维修部位进行电压测量，如果测量值大于零则应使用放电工装对该部位进行放电。确认电压为零后方可进行下一步操作。图 5-26 所示为高压部件放电作业。

图 5-26　高压部件放电作业

高压部件放电作业的注意事项：

（1）放电操作时，需佩戴绝缘橡胶手套。

（2）放电完毕时，必须再次验电，保证放电有效。

## 五、新能源汽车高压电安全操作注意事项

进行高压电安全操作应注意以下几点：

1. 对车辆进行维修时，非相关人员不允许随意接触车辆。

2. 对车辆进行维修时，严禁非专业人员对高压部件进行维修。

3. 未参加高压电安全培训的维修人员，不允许对贴有高压警示标识的部件进行维修。

4. 维修人员需具备触电事故急救知识及技能。

5. 对高压部件进行操作时，操作人员需要穿戴好安全防护用品，同时还必须使用绝缘手套。

6. 在维修作业时对高压部件母端应使用绝缘胶带缠绕，防止高压触电或短路。

7. 对外露高压系统部件进行操作时，必须使用绝缘万用表进行测量，检查是否存在高压电，确保没有高压电的情况下再进行操作。

8. 在高压部件拆装后，重新接通高压电之前，需要检查所有高压部件的装配、连接，确保其可靠。

9. 所有高压部件都应该保证搭铁良好。

## 思考与练习

1. 航空插头有什么优点？

2. 新能源汽车高压系统断电前需要做哪些准备工作？

3. 新能源汽车高压系统维修前，为什么要进行高压系统断电？

4. 新能源汽车高压系统断电后，如何进行高压验电操作？

# 技能实训 5 新能源汽车高压系统的断电与检验

| 实训名称 | 新能源汽车高压系统的断电与检验 | 日期 | | 成绩 | |
|---|---|---|---|---|---|
| 学生姓名 | | 学号 | | 班级 | |

## 一、实训目的

1. 能树立高压安全防护意识，完成高压断电前的准备工作。

2. 能描述并执行高压断电操作流程，按要求规范完成高压断电和检验操作任务。

## 二、实训内容

查阅相关资料并进行小组讨论，将表格填写完整。

1. 小组分工

| 操作员 | | 记录员 | |
|---|---|---|---|
| 监护员 | | 展示员 | |

2. 完成高压断电的准备工作

（1）作业前现场环境检查

| 图示 | 作业项目 | 作业内容 | 作业结果 |
|---|---|---|---|
| | 隔离柱<br>放置位置 | 距离车辆前方________ m；<br>后方________ m；<br>距离车辆左侧________ m；<br>右侧________ m | □已放置<br>□未放置 |
| | 警示牌<br>名称 | □高压危险 □有电危险<br>□禁止合闸 | □已放置<br>□未放置 |
| | 绝缘垫<br>外观检查 | □无破损 □破损<br>□无脏污 □脏污 | □正常<br>□需更换 |

（2）绝缘用品准备

| 图示 | 作业项目 | 作业内容 | 作业结果 |
| --- | --- | --- | --- |
| | 外观检查 | □良好　□破损 | □正常<br>□需更换 |
| | 气密性检查 | □良好　□漏气 | |
| | 绝缘防护电压 | ______ V DC，______ V AC | |
| | 外观检查 | □良好　□破损 | □正常<br>□需更换 |
| | 绝缘防护电压 | ______ V | |
| | 外观检查 | □良好　□破损 | □正常<br>□需更换 |
| | 外观检查 | □良好　□破损 | □正常<br>□需更换 |
| | 绝缘防护电压 | ______ V | |

（3）仪表工具检查

| 图示 | 作业项目 | 作业内容 | 作业结果 |
| --- | --- | --- | --- |
| | 外观检查 | □良好　□破损 | □正常<br>□需更换 |
| | 功能检查 | □正常　□异常 | |

续表

| 图示 | 作业项目 | 作业内容 | 作业结果 |
| --- | --- | --- | --- |
|  | 外观检查 | □良好 □破损 | □正常<br>□需更换 |
|  | 数量检查 | □完好 □缺失 |  |
|  | 外观检查 | □良好 □破损 | □正常<br>□需更换 |
|  | 功能检查 | □正常 □异常 |  |

3. 新能源汽车高压系统断电操作

严格按维修手册的要求，完成新能源汽车高压系统断电和检验作业。

（1）关闭点火开关，安全存放钥匙

| 图示 | 作业项目 | 作业内容 |
| --- | --- | --- |
|  | 点火开关<br>关闭位置 | □START □ON □ACC □LOCK |
|  | 钥匙安全<br>存放位置 | □维修柜 □实操人员保管 |

（2）所有充电口用绝缘胶布封住，断开低压蓄电池负极，负极桩做绝缘处理，并等待 5 min 以上。

| 图示 | 作业项目 | 作业内容 |
| --- | --- | --- |
|  | 拆卸工具 | 名称：__________<br>螺栓规格：__________ |
|  | 负极接线桩做<br>绝缘处理 | □绝缘防尘帽 □绝缘胶带 |

（3）拆除后排座椅及地板胶，佩戴绝缘手套，使用绝缘工具拆卸维修开关遮板固定螺栓。拆除后放置警示牌，并将维修开关安全存放。

| 图示 | 作业项目 | 作业内容 |
| --- | --- | --- |
| | 拆卸工具 | 名称：___________<br>螺栓规格：___________ |
| | 维修开关安全存放位置 | □维修柜　□实操人员保管 |
| | 警示牌放置 | 警示牌名称： |

（4）检查举升机，确认举升装置无误后平稳举升车辆，测量绝缘地垫的绝缘电阻。

| 图示 | 作业项目 | 作业内容 |
| --- | --- | --- |
| | 绝缘地垫绝缘电阻测量（1 000 V 执行电压） | 左前：≥______ GΩ；右前：≥______ GΩ；<br>左后：≥______ GΩ；右后：≥______ GΩ；<br>中间：≥______ GΩ |

（5）拆卸动力蓄电池连接器遮板，断开动力蓄电池辅助线束接插件，再断开动力蓄电池高压输出电缆接插件。

| 图示 | 作业项目 | 作业内容 |
| --- | --- | --- |
| | 动力蓄电池连接器遮板拆卸工具 | 名称：___________<br>螺栓规格：___________ |
| | 动力蓄电池高压输出电缆端绝缘处理方式 | □绝缘防尘帽　□绝缘胶带 |

（6）利用绝缘万用表电压挡进行电源侧、负载侧电压测量。若电源侧显示电压值较大，说明动力蓄电池系统存在故障。若负载侧有较小电压值，则利用放电工装进行放电。放电结束后，再次测量其电压值，确保电压值为零。

| 图示 | 作业项目 | 作业内容 |
| --- | --- | --- |
| | 第一次电压值测量 | 电源侧：≤______ V<br>负载侧：≤______ V |
| | 放电工装放电状态 | |
| | 第二次电压值测量 | 负载侧：______ V |

## 三、检验与评估

1. 小组互评

其余小组根据展示小组代表阐述的本组任务实施过程进行评价，并记录评价结果。

| 序号 | 评价标准 | 各组评价结果 |
|---|---|---|
| 1 | 任务目标制定合理恰当 | |
| 2 | 任务过程表述清晰明确 | |
| 3 | 任务结果符合实际情况 | |
| 4 | 任务计划切实有效执行 | |
| 5 | 任务体会感受情感真实 | |
| 综合评价 | | |

2. 组内互评

组长：__________ 组号：__________

| 姓名 | | | | | | | | | | |
|---|---|---|---|---|---|---|---|---|---|---|
| 分工 | | | | | | | | | | |
| 评价 | | | | | | | | | | |

注：评价采用 5 分制。

3. 自我反思和自我评价

根据在课堂中的实际表现，自行填写。

| 自我反思 | |
|---|---|
| 自我评价 | |

## 四、实训考核

考核标准表

| 项目 | 评分标准 | 分值 | 得分 |
| --- | --- | --- | --- |
| 工作任务接收 | 正确接收并理解工作任务要求 | 10 | |
| 资料收集 | 熟知新能源汽车高压系统断电方法和检验方法 | 10 | |
| 计划制定 | 熟悉新能源汽车高压系统断电操作和验电操作规范，明确小组成员分工 | 10 | |
| 计划实施 | 正确进行高压电缆接插件解锁 | 10 | |
| | 正确进行高压断电准备工作 | 10 | |
| | 正确进行高压系统断电操作 | 15 | |
| | 正确进行高压系统验电及放电操作 | 15 | |
| 质量检查 | 任务完成良好，操作过程规范 | 10 | |
| 评价反馈 | 能根据自身及队友表现进行客观评价 | 5 | |
| | 能在任务实施过程中发现自身及队友的问题 | 5 | |
| 合计 | | 100 | |

# 模块六
# 新能源汽车高压电缆的检测与更换

## 学习目标

1. 了解高压电缆端口针脚的定义。
2. 掌握新能源汽车高压电缆的检测方法。
3. 能规范检测新能源汽车高压电缆。
4. 能规范更换新能源汽车高压电缆。

**●任务描述：**

小王是新能源汽车4S店的一名实习生，跟随维修技师小张学习新能源汽车维修技能。今天小张在讲授完车辆高压电缆安全检测方法后，让小王对高压电缆进行实际检测及更换。

**●任务分析：**

高压电缆是车辆电力传输分配的神经系统，高压电缆的正常工作为电动汽车的可靠运行和安全提供了保证。高压电缆发生故障时，需要对高压电缆进行检测及更换，因此必须了解高压电缆的检测方法、更换流程和安全操作注意事项。

## 相关理论

高压电缆连接车辆上的高压部件，如动力蓄电池、驱动电机、DC/DC 变换器、车载充电机、空调压缩机、空调 PTC 加热器等高压部件。

### 一、高压线束 / 电缆分布

高压线束 / 电缆的连接按照高压电控系统的不同会有一定差异，高压电控系统有分体式高压电控系统和集成式高压电控总成两类。

#### 1. 分体式电控系统代表车型的高压电缆分布

分体式电控系统的代表车型有北汽 EV200、EV160 等，北汽 EV200 高压线束 / 电缆主要包括 6 段，分别是动力蓄电池电缆、驱动电机控制器电缆、快充线束、慢充线束、高压附件线束、电机三相电缆，结构如图 6-1 所示。

（1）动力蓄电池电缆：连接动力蓄电池到高压控制盒之间的电缆。

（2）驱动电机控制器电缆：连接高压控制盒到电机控制器之间的电缆。

（3）快充线束：连接快充口到高压控制盒之间的线束。

（4）慢充线束：连接慢充口到车载充电机之间的线束。

（5）高压附件线束：连接高压控制盒到 DC/DC 变换器、车载充电机、空调压缩机、空调 PTC 加热器之间的线束。

（6）电机三相电缆：连接驱动电机控制器到驱动电机之间的电缆。

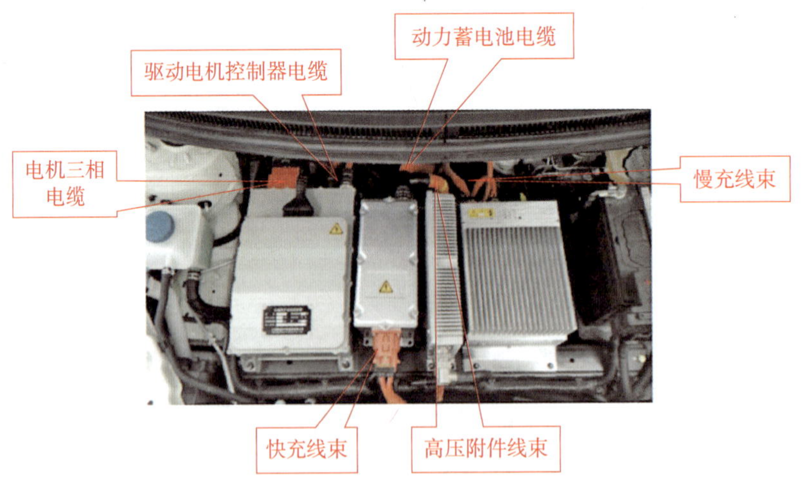


图 6-1　北汽 EV200 高压电缆分布图

分体式电控系统代表车型的高压电路连接原理如图 6-2 所示。

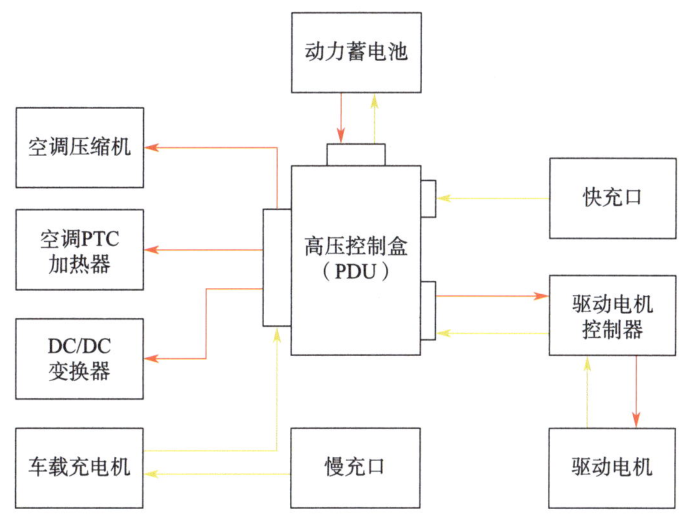


图 6-2　分体式电控系统代表车型的高压电路连接原理图

## 2. 集成式高压电控总成代表车型的高压电缆分布

采用集成式高压电控总成的代表车型有比亚迪 e5 等，比亚迪 e5 高压电缆主要包括 7 段，分别是动力蓄电池电缆、快充电缆、慢充电缆、驱动电机电缆、空调压缩机电缆、空调 PTC 加热器电缆、DC/DC 变换器电缆，结构如图 6-3 所示。

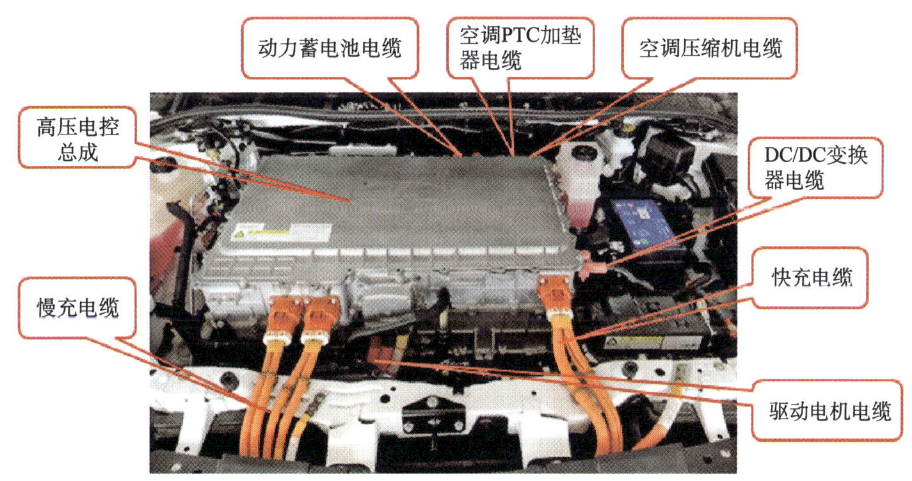


图 6-3　比亚迪 e5 高压电缆分布图

（1）动力蓄电池电缆：连接动力蓄电池到高压电控总成之间的电缆。

（2）快充电缆：连接快充口到高压电控总成之间的电缆。

（3）慢充电缆：连接慢充口到高压电控总成之间的电缆。

（4）电机电缆：连接高压电控总成到电机之间的电缆。

（5）空调压缩机电缆：连接高压电控总成到空调压缩机的电缆。

（6）空调 PTC 加热器电缆：连接高压电控总成到空调 PTC 加热器的电缆。

（7）DC/DC 变换器电缆：连接高压电控总成到 DC/DC 变换器的电缆。

集成式高压电控总成代表车型的高压电路连接原理如图 6-4 所示。

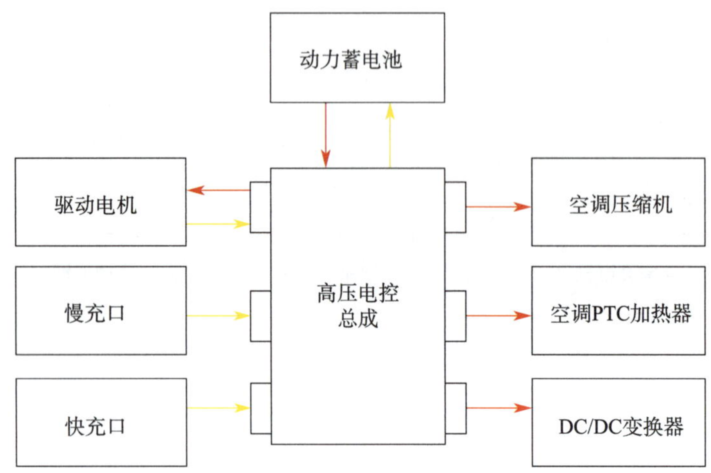


图 6-4　集成式高压电控总成代表车型的高压电路连接原理图

## 二、高压电缆的检测

新能源汽车的运行情况非常复杂，运行中的高压电缆由于机械损伤、绝缘受潮、绝缘老化、护层腐蚀、过电压及过热损害等原因，可能出现不导通或绝缘性能下降等问题。高压电缆具有良好的绝缘性是保证设备和线路运行的必要条件，也是防止触电事故及漏电、短路的重要措施。

对高压电缆的检测一般包括外观检查和性能检测。主要项目有：

（1）新能源汽车用高压电缆 / 线束应具备耐老化、阻燃、耐磨损等性能，不得出现裂纹，不能有导体暴露等情况。

（2）在外观状态良好的前提下，应保证内部线路的导通和绝缘性能良好。

（3）慢充充电线束的电阻值应正常。

（4）各高压电缆 / 线束的绝缘电阻值应符合国家标准。

### 1. 高压电缆端口针脚定义

（1）动力蓄电池电缆

动力蓄电池电缆的结构如图 6-5 所示。

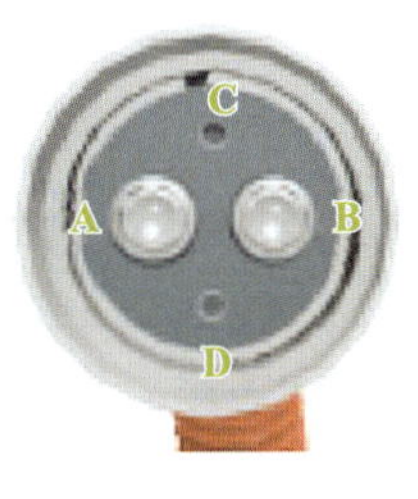


高压控制盒端

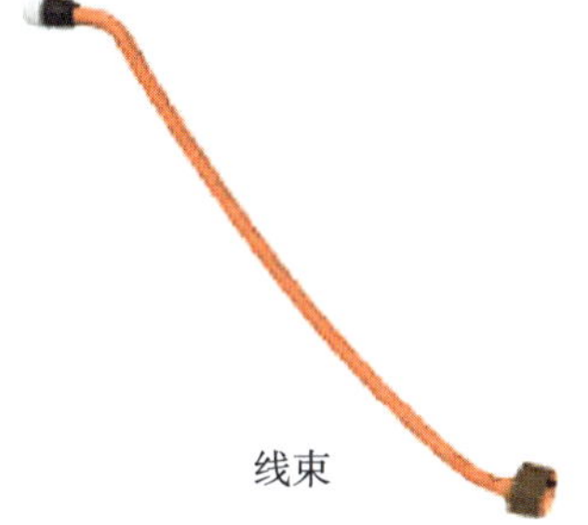

线束

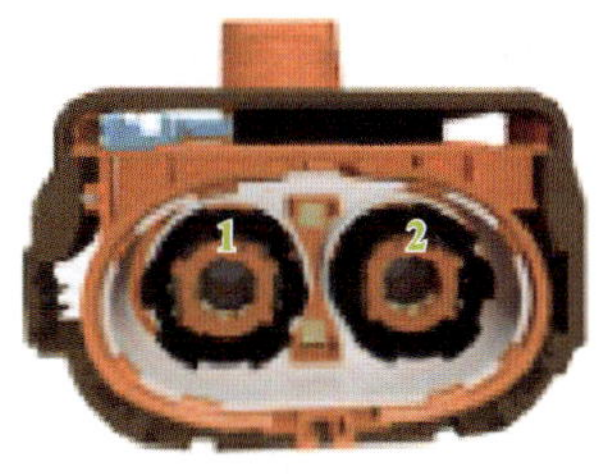


动力蓄电池端

图 6-5 动力蓄电池电缆

高压控制盒端的针脚定义见表 6-1。

表 6-1 高压控制盒端的针脚定义

| 针脚 | 定义 | 针脚 | 定义 |
|---|---|---|---|
| A | 电源负极 | C | 互锁线短接 |
| B | 电源正极 | D | 互锁线短接 |

动力蓄电池端的针脚定义见表 6-2。

表 6-2 动力蓄电池端的针脚定义

| 针脚 | 定义 | 针脚 | 定义 |
|---|---|---|---|
| 1 | 电源负极 | 中间 | 互锁端子 |
| 2 | 电源正极 | | |

（2）驱动电机控制器电缆

驱动电机控制器电缆的结构如图 6-6 所示。

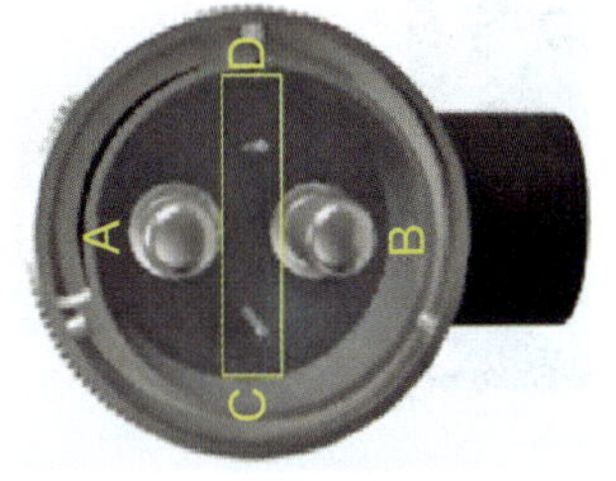


高压控制盒端

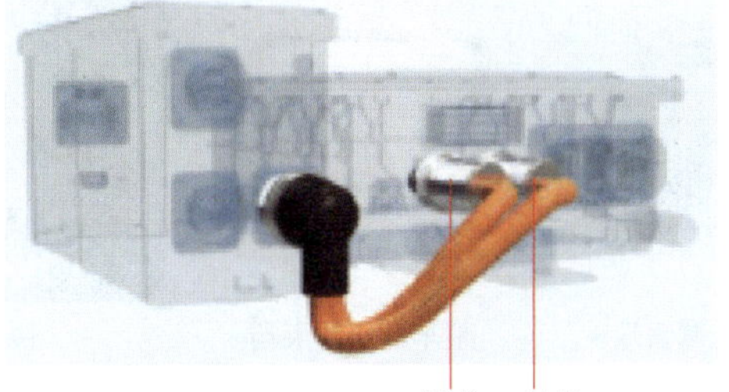


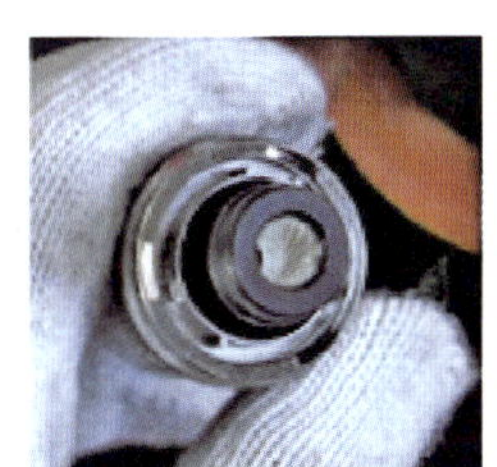

驱动电机控制器端

图 6-6 驱动电机控制器电缆

高压控制盒端的针脚定义见表 6-3。

表 6-3　高压控制盒端的针脚定义

| 针脚 | 定义 | 针脚 | 定义 |
| --- | --- | --- | --- |
| A | 电源负极 | C | 互锁线短接 |
| B | 电源正极 | D | 互锁线短接 |

驱动电机控制器端的针脚定义见表 6-4。

表 6-4　驱动电机控制器端的针脚定义

| 针脚 | 定义 |
| --- | --- |
| Y 键位 | 驱动电机控制器正极 |
| Z 键位 | 驱动电机控制器负极 |

（3）快充线束

快充线束的结构如图 6-7 所示。

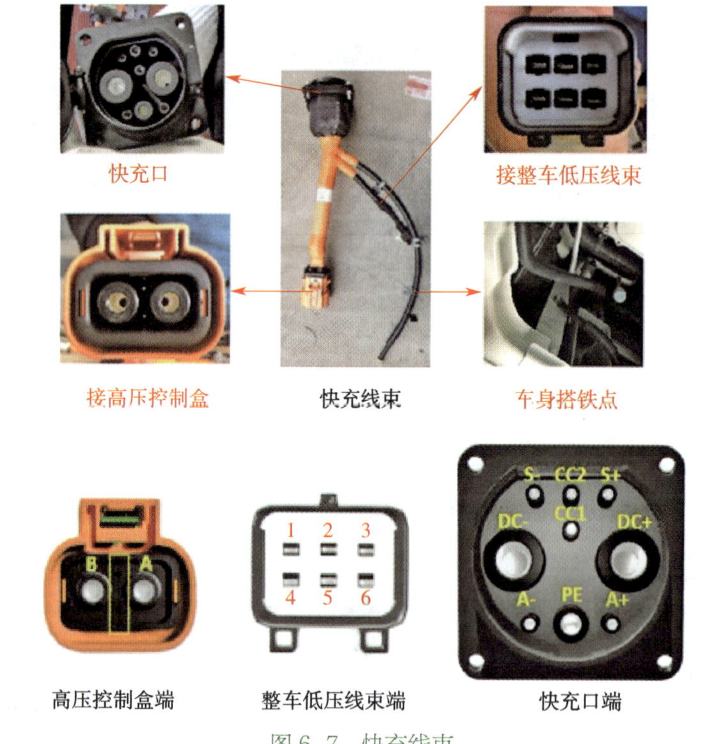


图 6-7　快充线束

高压控制盒端的针脚定义见表 6-5。

表 6-5 高压控制盒端的针脚定义

| 针脚 | 定义 | 针脚 | 定义 |
|---|---|---|---|
| A | 电源负极 | 中间 | 互锁端子 |
| B | 电源正极 | | |

整车低压线束端的针脚定义见表 6-6。

表 6-6 整车低压线束端的针脚定义

| 针脚 | 定义 | 针脚 | 定义 |
|---|---|---|---|
| 1 | A- 低压辅助电源负极 | 4 | S+ 充电通信 CAN-H |
| 2 | A+ 低压辅助电源正极 | 5 | S- 充电通信 CAN-L |
| 3 | CC2 充电连接器确认 | 6 | 空 |

快充口端的针脚定义见表 6-7。

表 6-7 快充口端的针脚定义

| 针脚 | 定义 | 针脚 | 定义 |
|---|---|---|---|
| DC- | 直流电源负极 | CC1 | 充电连接确认 |
| DC+ | 直流电源正极 | CC2 | 充电连接确认 |
| PE | 车身接地（搭铁） | S+ | 充电通信 CAN-H |
| A- | 低压辅助电源负极 | S- | 充电通信 CAN-L |
| A+ | 低压辅助电源正极 | | |

（4）慢充线束

慢充线束的结构如图 6-8 所示。

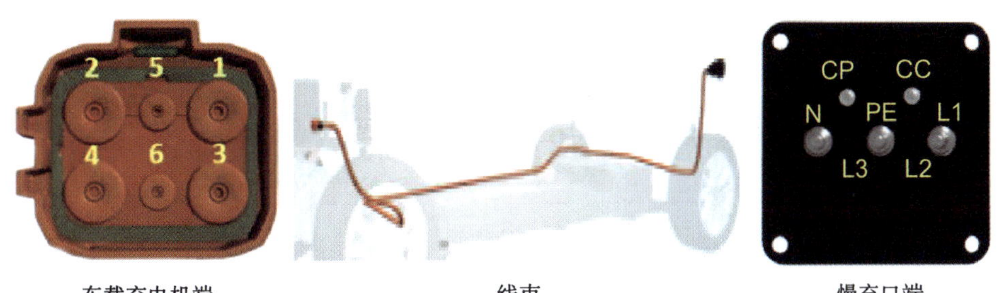


图 6-8 慢充线束

车载充电机端的针脚定义见表 6-8。

表 6-8　车载充电机端的针脚定义

| 针脚 | 定义 | 针脚 | 定义 |
|---|---|---|---|
| 1 | L（交流电源） | 4 | 空 |
| 2 | N（交流电源） | 5 | CC（充电连接确认） |
| 3 | PE（车身接地 / 搭铁） | 6 | CP（控制确认线） |

慢充口端的针脚定义见表 6-9。

表 6-9　慢充口端的针脚定义

| 针脚 | 定义 | 针脚 | 定义 |
|---|---|---|---|
| CP | 控制确认线 | L1、L2、L3 | 交流电源 |
| CC | 充电连接确认 | PE | 车身接地（搭铁） |
| N | 交流电源 | | |

（5）高压附件电缆（高压电缆总成）

高压附件电缆（高压电缆总成）的结构如图 6-9 所示。

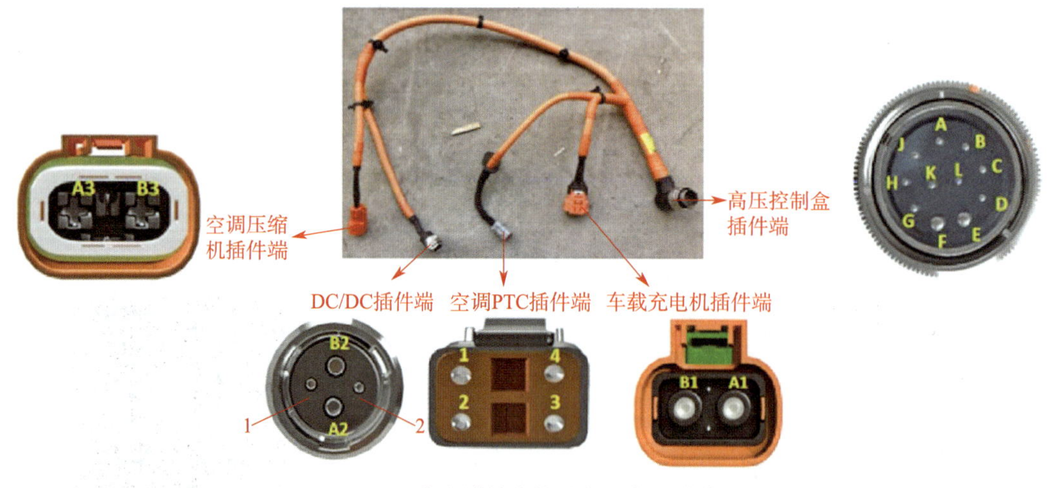


图 6-9　高压附件电缆（高压电缆总成）

DC/DC 插件端的针脚定义见表 6-10。

表 6-10　DC/DC 插件端的针脚定义

| 针脚 | 定义 | 针脚 | 定义 |
| --- | --- | --- | --- |
| A2 | 电源负极 | 1 | 互锁信号输入 |
| B2 | 电源正极 | 2 | 互锁信号输出 |

车载充电机插件端的针脚定义见表 6-11。

表 6-11　车载充电机插件端的针脚定义

| 针脚 | 定义 | 针脚 | 定义 |
| --- | --- | --- | --- |
| A1 | 电源负极 | 中间 | 互锁端子 |
| B1 | 电源正极 |  |  |

空调压缩机插件端的针脚定义见表 6-12。

表 6-12　空调压缩机插件端的针脚定义

| 针脚 | 定义 | 针脚 | 定义 |
| --- | --- | --- | --- |
| A3 | 电源负极 | 中间 | 互锁端子 |
| B3 | 电源正极 |  |  |

空调 PTC 插件端的针脚定义见表 6-13。

表 6-13　空调 PTC 插件端的针脚定义

| 针脚 | 定义 | 针脚 | 定义 |
| --- | --- | --- | --- |
| 1 | PTC-A 组负极 | 3 | 电源正极 |
| 2 | PTC-B 组负极 | 4 | 电源负极 |

高压控制盒插件端的针脚定义见表 6-14。

表 6-14　高压控制盒插件端的针脚定义

| 针脚 | 定义 | 针脚 | 定义 |
| --- | --- | --- | --- |
| A | DC/DC 电源正极 | G | DC/DC 电源负极 |
| B | PTC 电源正极 | H | 压缩机电源负极 |
| C | 压缩机电源正极 | J | PTC-B 组负极 |

续表

| 针脚 | 定义 | 针脚 | 定义 |
|---|---|---|---|
| D | PTC-A 组负极 | K | 空引脚 |
| E | 车载充电机电源正极 | L | 互锁信号线 |
| F | 车载充电机电源负极 | | |

（6）驱动电机电缆

驱动电机电缆的结构如图 6-10 所示。

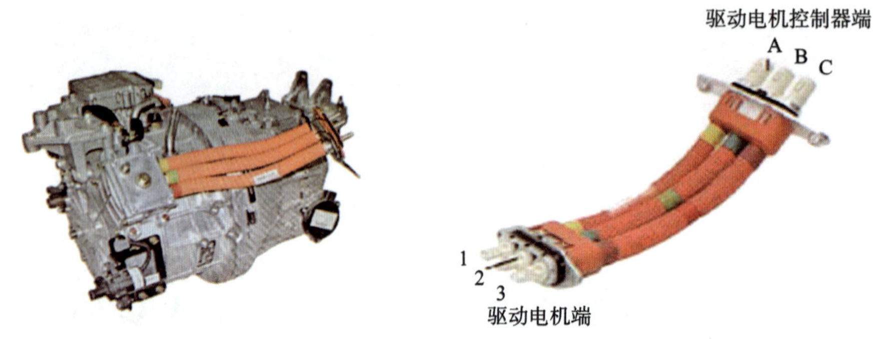


图 6-10　驱动电机电缆

驱动电机控制器端的针脚定义见表 6-15。

表 6-15　驱动电机控制器端的针脚定义

| 针脚 | 定义 | 针脚 | 定义 |
|---|---|---|---|
| A | 电机 U 相 | C | 电机 W 相 |
| B | 电机 V 相 | | |

驱动电机端的针脚定义见表 6-16。

表 6-16　驱动电机端的针脚定义

| 针脚 | 定义 | 针脚 | 定义 |
|---|---|---|---|
| 1 | 电机 U 相 | 3 | 电机 W 相 |
| 2 | 电机 V 相 | | |

## 2. 高压电缆 / 线束外观检查

高压电缆 / 线束外观检查的主要项目有：

（1）检查高压电缆 / 线束的表面有无脏污、破损。

（2）检查高压电缆 / 线束接插件连接是否变形、破裂、有异物，针脚是否弯曲、缺失，有无松动等。

**【提示】**

检查时，需要穿戴好绝缘手套等防护用具，防止操作人员手部直接接触带电体，以免遭到电击。

### 3. 高压电缆 / 线束的性能检查

高压电缆 / 线束是否良好导通、电缆绝缘电阻是否满足要求，会直接影响系统能否正常工作。高压电缆 / 线束的性能检查主要包括导通性检查和绝缘性检查。

高压电缆 / 线束的导通性检查是检查高压电缆 / 线束的插接件针脚是否导通。导通性检查可以用绝缘万用表的蜂鸣挡或电阻挡进行测试，用红、黑表笔分别连接电缆两端相通的两个针脚，如蜂鸣器鸣响或电阻小于 1 Ω，则表示相应的针脚导通；如蜂鸣器不响或电阻大于 1 Ω，则表示导通异常，应予以更换。

高压电缆 / 线束的绝缘性能检查是检查高压电缆 / 线束的导电线芯与电缆外壳的绝缘电阻。选择绝缘万用表的电压挡进行绝缘测试，注意选用的电压挡需大于高压电缆最高工作电压。用黑表笔接电缆外壳，用红表笔逐个测量高压电缆接插件的正、负极针脚，检查测试的电缆绝缘电阻值是否满足要求，如不满足，应予以更换。

北汽 EV200 纯电动汽车为降低用电设备的工作电流和整车自重，其动力蓄电池的工作电压高达 336 V（直流），较高的工作电压对车辆底盘与高压系统间绝缘性能提出了更高的要求。下面以北汽 EV200 纯电动汽车为例，介绍高压电缆的性能检查方法。

（1）动力蓄电池电缆的性能检查

1）动力蓄电池电缆导通性检查见表 6-17。

表 6-17　动力蓄电池电缆导通性检查

| 检查针脚 | 选用挡位 | 检查结果 |
| --- | --- | --- |
| 电源正极 B 脚与 2 脚 | 电阻挡 | 小于 1 Ω 为正常 |
| 电源负极 A 脚与 1 脚 | 电阻挡 | 小于 1 Ω 为正常 |

2）动力蓄电池电缆绝缘性检查见表 6-18。

表 6-18　　动力蓄电池电缆绝缘性检查

| 检查针脚 | 选用挡位 | 绝缘标准值 |
| --- | --- | --- |
| 电源正极 B 脚与电缆外壳 | 500 V 绝缘电压挡 | ≥500 MΩ |
| 电源负极 A 脚与电缆外壳 | 500 V 绝缘电压挡 | ≥500 MΩ |

（2）驱动电机控制器电缆的性能检查

1）驱动电机控制器电缆导通性检查见表 6-19。

表 6-19　　驱动电机控制器电缆导通性检查

| 检查针脚 | 选用挡位 | 检查结果 |
| --- | --- | --- |
| 电源正极 B 脚与 Y 键位 | 电阻挡 | 小于 1 Ω 为正常 |
| 电源负极 A 脚与 Z 键位 | 电阻挡 | 小于 1 Ω 为正常 |

2）驱动电机控制器电缆绝缘性检查见表 6-20。

表 6-20　　驱动电机控制器电缆绝缘性检查

| 检查针脚 | 选用挡位 | 绝缘标准值 |
| --- | --- | --- |
| 电源正极 B 脚与电缆外壳 | 500 V 绝缘电压挡 | ≥100 MΩ |
| 电源负极 A 脚与电缆外壳 | 500 V 绝缘电压挡 | ≥100 MΩ |

（3）快充线束的性能检查

1）快充线束导通性检查见表 6-21。

表 6-21　　快充线束导通性检查

| 检查针脚 | 选用挡位 | 检查结果 |
| --- | --- | --- |
| 电源正极（DC+ 脚与 B 脚） | 电阻挡 | 小于 1 Ω 为正常 |
| 电源负极（DC- 脚与 A 脚） | 电阻挡 | 小于 1 Ω 为正常 |
| 低压辅助电源正极（A+ 脚与 2 脚） | 电阻挡 | 小于 1 Ω 为正常 |
| 低压辅助电源负极（A- 脚与 1 脚） | 电阻挡 | 小于 1 Ω 为正常 |
| 充电通信 CAN-H（S+ 脚与 4 脚） | 电阻挡 | 小于 1 Ω 为正常 |
| 充电通信 CAN-L（S- 脚与 5 脚） | 电阻挡 | 小于 1 Ω 为正常 |
| 充电连接确认（CC2 脚与 3 脚） | 电阻挡 | 小于 1 Ω 为正常 |
| 车身搭铁（PE 脚与车身搭铁） | 电阻挡 | 小于 1 Ω 为正常 |

2）绝缘性检查

快充线束绝缘性检查见表 6-22。

表 6-22 快充线束绝缘性检查

| 检查针脚 | 选用挡位 | 绝缘标准值 |
| --- | --- | --- |
| 电源正极 B 脚与电缆外壳 | 1 000 V 绝缘电压挡 | ∞ |
| 电源负极 A 脚与电缆外壳 | 1 000 V 绝缘电压挡 | ∞ |

（4）慢充线束的性能检查

1）慢充线束导通性检查

慢充线束导通性检查见表 6-23。

表 6-23 慢充线束导通性检查

| 检查针脚 | 选用挡位 | 检查结果 |
| --- | --- | --- |
| 电源正极（L1 脚与 1 脚） | 电阻挡 | 小于 1 Ω 为正常 |
| 电源负极（N 脚与 2 脚） | 电阻挡 | 小于 1 Ω 为正常 |
| 充电连接确认针脚（CC 脚与 5 脚） | 电阻挡 | 小于 1 Ω 为正常 |
| 控制确认线（CP 脚与 6 脚） | 电阻挡 | 小于 1 Ω 为正常 |
| 车身接地（PE 脚与 3 脚） | 电阻挡 | 小于 1 Ω 为正常 |

2）慢充线束绝缘性检查

慢充线束绝缘性检查见表 6-24。

表 6-24 慢充线束绝缘性检查

| 检查针脚 | 选用挡位 | 绝缘标准值 |
| --- | --- | --- |
| 电源正极 L 脚与电缆外壳 | 500 V 绝缘电压挡 | ≥20 MΩ |
| 电源负极 N 脚与电缆外壳 | 500 V 绝缘电压挡 | ≥20 MΩ |

（5）高压附件电缆的性能检查

1）电缆导通性检查

高压附件电缆导通性检查见表 6-25。

表 6-25 高压附件电缆导通性检查

| 检查针脚 | 检查项目 | 检查结果 |
| --- | --- | --- |
| DC/DC 插件电源正极（A 脚与 B2 脚） | 电阻挡 | 小于 1 Ω 为正常 |
| DC/DC 插件电源负极（G 脚与 A2 脚） | 电阻挡 | 小于 1 Ω 为正常 |
| 压缩机插件电源正极（C 脚与 B3 脚） | 电阻挡 | 小于 1 Ω 为正常 |
| 压缩机插件电源负极（H 脚与 A3 脚） | 电阻挡 | 小于 1 Ω 为正常 |
| 充电机插件电源正极（E 脚与 B1 脚） | 电阻挡 | 小于 1 Ω 为正常 |
| 充电机插件电源负极（F 脚与 A1 脚） | 电阻挡 | 小于 1 Ω 为正常 |
| PTC 插件电源正极（B 脚与 3 脚） | 电阻挡 | 小于 1 Ω 为正常 |
| PTC 插件 PTC-A 组负极（D 脚与 1 脚） | 电阻挡 | 小于 1 Ω 为正常 |
| PTC 插件 PTC-B 组负极（J 脚与 2 脚） | 电阻挡 | 小于 1 Ω 为正常 |

2）绝缘性检查

高压附件电缆绝缘性检查见表 6-26。

表 6-26 高压附件电缆绝缘性检查

| 检查针脚 | 选用挡位 | 绝缘标准值 |
| --- | --- | --- |
| DC/DC 电源正极（A 脚）与电缆外壳 | 500 V 绝缘电压挡 | ≥20 MΩ |
| PTC 电源正极（B 脚）与电缆外壳 | 500 V 绝缘电压挡 | ≥500 MΩ |
| 压缩机电源正极（C 脚）与电缆外壳 | 500 V 绝缘电压挡 | ≥20 MΩ |
| PTC-A 组负极（D 脚）与电缆外壳 | 500 V 绝缘电压挡 | ≥500 MΩ |
| 充电机电源正极（E 脚）与电缆外壳 | 500 V 绝缘电压挡 | ≥20 MΩ |
| 充电机电源负极（F 脚）与电缆外壳 | 500 V 绝缘电压挡 | ≥20 MΩ |
| DC/DC 电源负极（G 脚）与电缆外壳 | 500 V 绝缘电压挡 | ≥20 MΩ |
| 压缩机电源负极（H 脚）与电缆外壳 | 500 V 绝缘电压挡 | ≥20 MΩ |
| PTC-B 组负极（J 脚）与电缆外壳 | 500 V 绝缘电压挡 | ≥500 MΩ |

（6）驱动电机电缆的性能检查

1）针脚导通性检查

驱动电机电缆导通性检查见表 6-27。

表 6-27　　驱动电机电缆导通性检查

| 检查针脚 | 选用挡位 | 检查结果 |
| --- | --- | --- |
| 电机 U 端（A 脚与 1 脚） | 电阻挡 | 小于 1 Ω 为正常 |
| 电机 V 端（B 脚与 2 脚） | 电阻挡 | 小于 1 Ω 为正常 |
| 电机 W 端（C 脚与 3 脚） | 电阻挡 | 小于 1 Ω 为正常 |

2）绝缘性检查

驱动电机电缆绝缘性检查见表 6-28。

表 6-28　　驱动电机电缆绝缘性检查

| 检查针脚 | 选用挡位 | 绝缘标准值 |
| --- | --- | --- |
| 电机 U 相 A 脚与电缆外壳 | 500 V 绝缘电压挡 | ≥500 MΩ |
| 电机 V 相 B 脚与电缆外壳 | 500 V 绝缘电压挡 | ≥500 MΩ |
| 电机 W 相 C 脚与电缆外壳 | 500 V 绝缘电压挡 | ≥500 MΩ |

（7）高压电缆 / 线束检测的注意事项

1）使用绝缘万用表检测前，需先验证其功能是否正常。

2）严格按绝缘万用表使用手册操作，否则可能会破坏仪表提供的保护措施。

3）绝缘测试只能在不通电的电路上进行。

4）在进行绝缘测试时，不得用手触摸表笔的金属部分，避免发生触电事故。

5）绝缘万用表使用完毕后，应将其开关关闭，如果长期不使用，还应将绝缘万用表内部的电池取出，以避免电池漏液腐蚀内部其他部件。

## 三、高压电缆的更换

新能源汽车上所有高压电缆一律采用橙色，为避免安装错误，高压线上一般有机械编码。如果高压电缆损坏，必须进行更换，不得维修。高压电缆拆装过程中，应严格按照高压电安全操作规程来执行。

【提示】

高压系统中某些插头带有互锁开关，如图 6-11 所示，可通过监测互锁开关是否构成回路来判断高压插头是否断开，一旦互锁开关断开，即可判定为高压插头断开，会立刻断电，因此在插拔高压插头时要小心，避免损坏互锁开关插针。

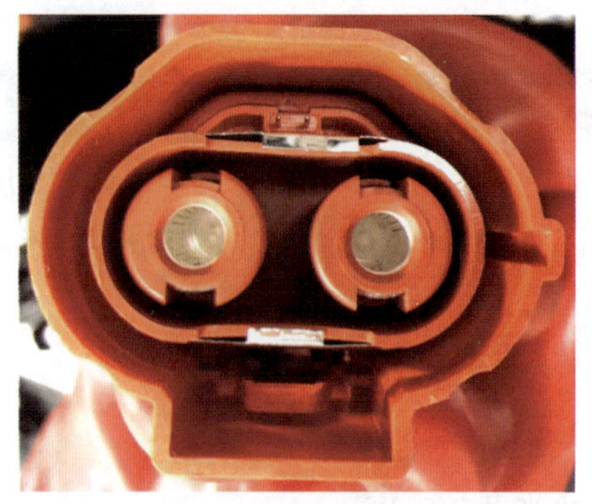

图 6-11　互锁开关

## 1. 作业前检查及车辆防护

（1）现场环境检查

现场工作环境的好坏将直接影响工作安全，新能源汽车维修车间的场地与设施比传统燃油汽车维修车间要求要高。为避免发生危险或造成损坏，车辆应停放在专用的高压维修工位上，工位必须干净、干燥、无油脂，且不会接触到飞溅的火星，要避免与其他车辆维修工位过近。高压维修工位上还应合理放置绝缘垫，并检查绝缘垫是否符合使用要求。

当工位上有高电压车辆进行维修时，在工位周围必须设立隔离柱，布置警戒线和明显的警示标识，避免他人未经允许进入高电压工位而发生危险。对于车辆维修过程中的高压配件必须标识明显的“高压勿动”警示牌，禁止将带有高压电的部件放置在无人看管的环境下。

（2）防护用品检查

高压维修工位上必须配有高压防护用品，包括绝缘手套、绝缘鞋、护目镜、安全帽等，高压操作前需对防护用品进行外观及性能检查。

（3）仪表工具检查

新能源汽车维修中进行高压部件的拆装时要使用绝缘工具，进行电气绝缘性能检测时要使用专用的绝缘万用表，操作前需对绝缘万用表进行外观及性能检查。

（4）实施车辆防护

车外铺设前格栅翼子板防护垫三件套，车内铺设汽车维修四件套。维修人员打开前机舱盖检查或维修时，难免会将车身弄脏或使硬物擦碰到车身，配备车外三件套可对汽车左右翼子板和前保险杠部位进行保护。车内四件套则是为了防止操作人员弄脏座椅、变速杆、转向盘和车厢底板。

### 2. 拆除并检测高压电缆

对有故障的高压电缆进行外观检查，检查高压电缆的表面有无脏污、破损，检查高压电缆接插件连接是否正确，有无松动。如果以上检查都没有问题，则需对有故障的高压电缆进行拆卸及性能检测。

新能源汽车上具有高电压，在拆除高压电缆之前，需进行整车高压断电操作并确认无电，以防触电事故发生。拆除高压电缆时要注意依次解除锁扣、拔下高压电缆接插件，禁止越级徒手或强行用蛮力拆卸。

故障电缆拆除后，应检测电缆端口针脚的导通性，如不导通应予以更换。检测故障电缆的绝缘性，如果测量的绝缘电阻值低于标准电阻值，应予以更换。

### 3. 高压电缆 / 线束的更换

按高压电缆 / 线束装配作业标准更换新的高压电缆 / 线束，并确认电缆 / 线束接插件连接到位。图 6-12 所示是快充线束高压控制盒端接插件的安装，首先按下位置 1，将高压线束接插件对准端口往里推，听到“咔”一声响后停止，最后把锁扣 2 往里推，直至贴紧位置 1。

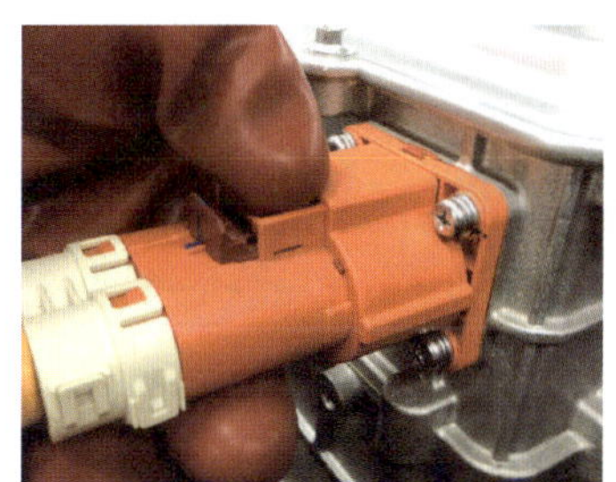

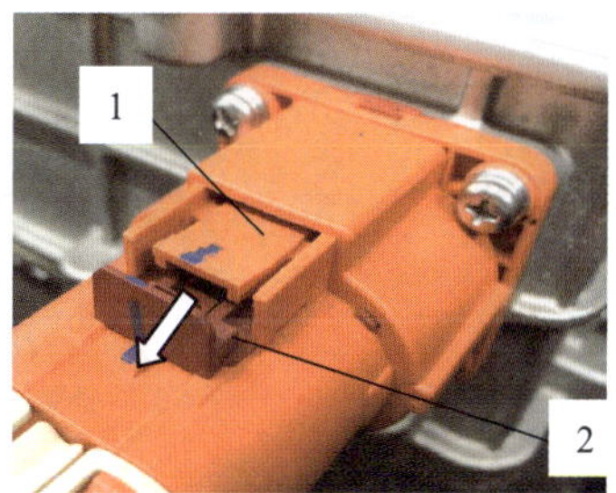

图 6-12　快充线束高压控制盒端接插件的安装

**【提示】**

如检测出有故障的高压电缆，应对其进行更换，更换前需检测新的高压电缆是否符合要求。新高压电缆的检测项目也包括外观检查、针脚导通性检测及电缆绝缘性检测。

高压电缆的更换注意事项如下：

（1）整车实训时确保点火开关处于“LOCK”位置，操作另有要求除外。

（2）在车上进行操作时，应施加驻车制动，除非有特定操作要求时

【视频】
新能源汽车高压电缆的检测与更换

置于其他挡位。

（3）举升汽车时应严格按照举升机的操作规程进行作业。

（4）对高压部件进行操作时，操作人员需要穿戴好安全防护用品。

（5）高压部件拆装后，重新接通高压电之前，需要检查所有高压部件的装配、连接，确保其可靠性。

## 思考与练习

1. 高压电缆的检测一般包括哪些项目？
2. 高压电缆/线束检测作业有哪些注意事项？
3. 高压电缆更换作业前的准备工作有哪些？

# 技能实训 6　新能源汽车高压电缆的检测与更换

| 实训名称 | 新能源汽车高压电缆的检测与更换 | 日期 | | 成绩 | |
|---|---|---|---|---|---|
| 学生姓名 | | 学号 | | 班级 | |

## 一、实训目的

1. 能检查各高压电缆外观，并判断其是否良好。

2. 能检测各高压电缆的导通情况和绝缘情况，并判断是否存在故障。

3. 能规范地更换新能源汽车高压电缆。

## 二、实训内容

查阅相关资料并进行小组讨论，将表格填写完整。

1. 小组分工

| 操作员 | | 记录员 | |
|---|---|---|---|
| 监护员 | | 展示员 | |

2. 写出下列高压电缆 / 线束的端口名称和针脚定义

| 电缆 / 线束 | 图示 | 端口名称 | 针脚定义 |
|---|---|---|---|
| 动力蓄电池电缆 | | 接____________端 | A 脚：__________<br>B 脚：__________<br>C 脚：互锁线短接<br>D 脚：互锁线短接 |
| | | 接____________端 | 1 脚：__________<br>2 脚：__________<br>中间为互锁端子 |

续表

| 电缆 / 线束 | 图示 | 端口名称 | 针脚定义 |
| --- | --- | --- | --- |
| 驱动电机控制器电缆 | | 接______端 | A 脚：______<br>B 脚：______<br>C 脚：互锁线短接<br>D 脚：互锁线短接 |
| | | 1 接驱动电机控制器______极<br>2 接驱动电机控制器______极 | 1 脚：单芯插件（Z 键位）<br>2 脚：单芯插件（Y 键位） |
| | | 接______端 | A 脚：______<br>B 脚：______<br>中间为互锁端子 |
| 快充线束 | | 接______端 | 1 脚：______<br>2 脚：______<br>3 脚：______<br>4 脚：______<br>5 脚：______ |
| | | 接______口端 | DC− 脚：______<br>DC+ 脚：______<br>PE 脚：______<br>A− 脚：______<br>A+ 脚：______<br>CC1 脚：______<br>CC2 脚：______<br>S+ 脚：______<br>S− 脚：______ |

续表

| 电缆 / 线束 | 图示 | 端口名称 | 针脚定义 |
|---|---|---|---|
| 慢充电缆 | | 接________端 | 1 脚：________<br>2 脚：________<br>3 脚：________<br>4 脚：________<br>5 脚：________<br>6 脚：________ |
| | | 接________端 | CP 脚：________<br>CC 脚：________<br>N 脚：________<br>L1 脚：________<br>L2 脚：________<br>L3 脚：________<br>PE 脚：________ |
| 高压附件电缆（高压电缆总成） | | 接________端 | A1 脚：________<br>B1 脚：________<br>中间为互锁端子 |
| | | 接________端 | A3 脚：________<br>B3 脚：________<br>中间为互锁端子 |
| | | 接________端 | A2 脚：________<br>B2 脚：________<br>1：互锁信号输入<br>2：互锁信号输出 |
| | | 接________端 | 1 脚：________<br>2 脚：________<br>3 脚：________<br>4 脚：________ |

续表

| 电缆 / 线束 | 图示 | 端口名称 | 针脚定义 |
| --- | --- | --- | --- |
| 高压附件电缆（高压电缆总成） | A B C D E F G H J K L | 接＿＿＿＿＿＿端 | A 脚：＿＿＿＿＿<br>B 脚：＿＿＿＿＿<br>C 脚：＿＿＿＿＿<br>D 脚：＿＿＿＿＿<br>E 脚：＿＿＿＿＿<br>F 脚：＿＿＿＿＿<br>G 脚：＿＿＿＿＿<br>H 脚：＿＿＿＿＿<br>J 脚：＿＿＿＿＿<br>K 脚：空引脚 |
| 驱动电机电缆 | A B C | 接＿＿＿＿＿＿端 | A 脚：＿＿＿＿＿<br>B 脚：＿＿＿＿＿<br>C 脚：＿＿＿＿＿ |
| | 1 2 3 | 接＿＿＿＿＿＿端 | 1 脚：＿＿＿＿＿<br>2 脚：＿＿＿＿＿<br>3 脚：＿＿＿＿＿ |

3. 严格按维修手册的要求，完成高压电缆的检测与更换

（1）完成新能源汽车维修作业前的检查及车辆防护，并记录信息。

1）现场环境检查

| 图示 | 作业内容 | 作业结果 |
| --- | --- | --- |
| | | |

2）防护用具检查

| 图示 | 作业内容 | 作业结果 |
| --- | --- | --- |
| 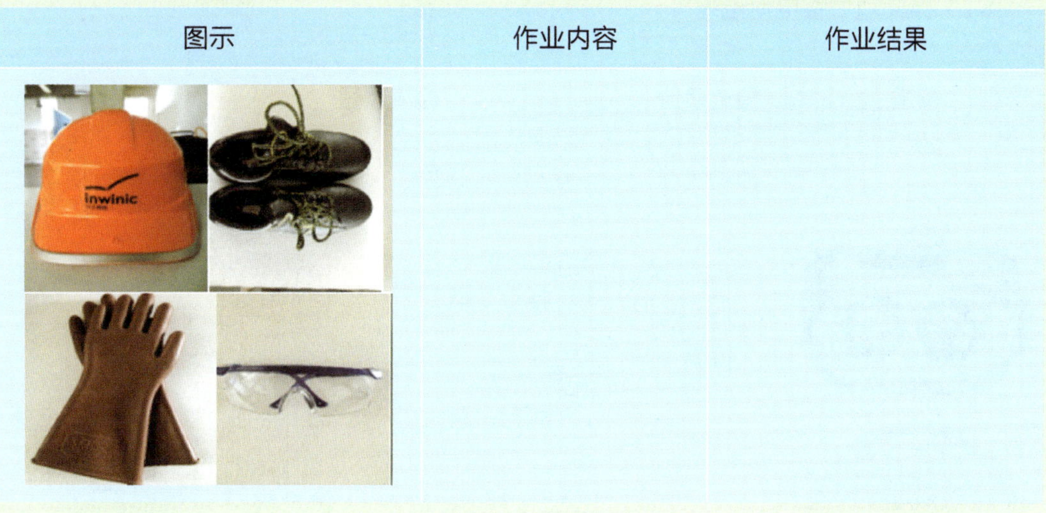 | | |

3）仪表工具检查

| 图示 | 作业内容 | 作业结果 |
| --- | --- | --- |
| 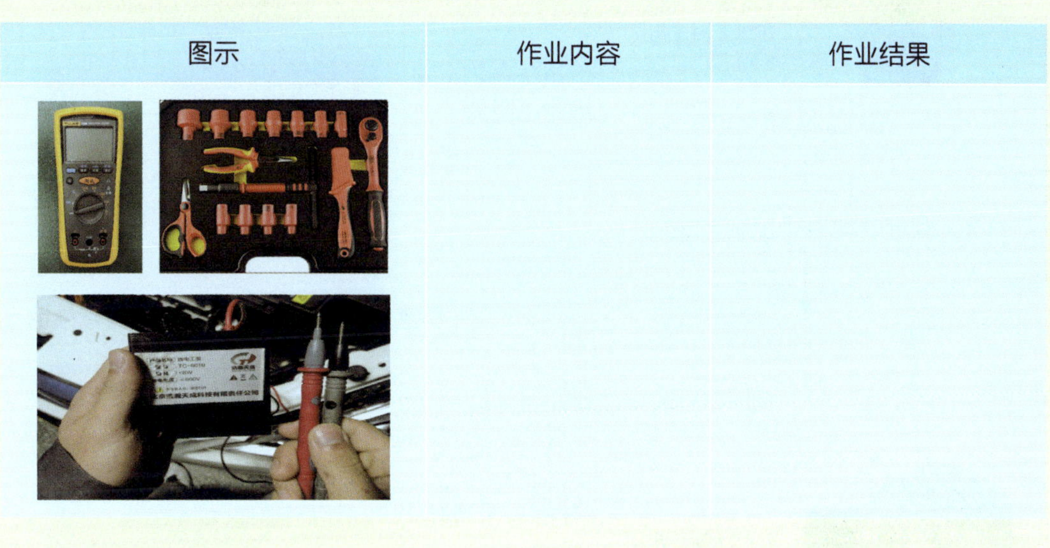 | | |

4）实施车辆防护

| 图示 | 作业内容 | 作业结果 |
| --- | --- | --- |
| 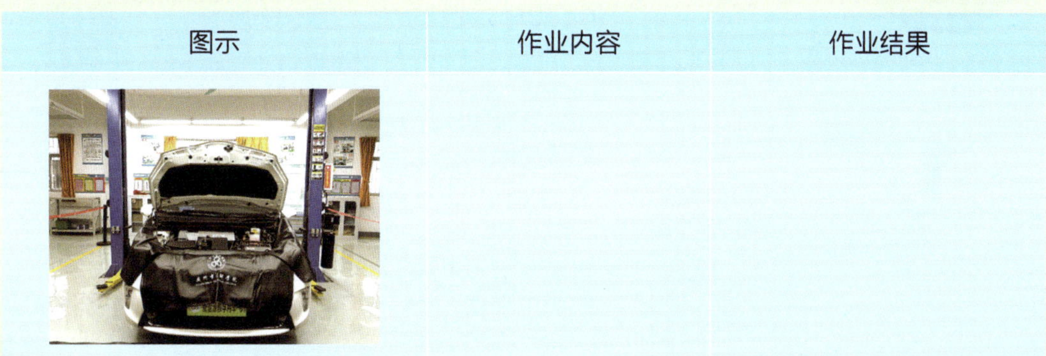 | | |

4. 对车辆高压系统进行断电操作，拆除高压电缆后进行以下检测

（1）检查动力蓄电池电缆

<table>
<tr><th>图示</th><th>检查项目</th><th colspan="2">检查过程</th><th>检查结论</th></tr>
<tr><td rowspan="5"></td><td>外观状态</td><td colspan="2">□正常　□破损</td><td rowspan="5">高压电缆<br>□正常<br>□需更换</td></tr>
<tr><td rowspan="2">针脚导通性检测</td><td>电源正极<br>（B 脚与 2 脚）</td><td>□导通<br>□不导通</td></tr>
<tr><td>电源负极<br>（A 脚与 1 脚）</td><td>□导通<br>□不导通</td></tr>
<tr><td rowspan="2">高压电缆绝缘性检测</td><td>电源正极（B 脚）绝缘电阻值</td><td>测量值：<br>标准值：<br>□正常　□否</td></tr>
<tr><td>电源负极（A 脚）绝缘电阻值</td><td>测量值：<br>标准值：<br>□正常　□否</td></tr>
</table>

（2）检查驱动电机控制器电缆

<table>
<tr><th>图示</th><th>检查项目</th><th colspan="2">检查过程</th><th>检查结论</th></tr>
<tr><td rowspan="5"></td><td>外观状态</td><td colspan="2">□正常　□破损</td><td rowspan="5">高压电缆<br>□正常<br>□需更换</td></tr>
<tr><td rowspan="2">针脚导通性检测</td><td>电源正极<br>（B 脚与 Y 键位）</td><td>□导通<br>□不导通</td></tr>
<tr><td>电源负极<br>（A 脚与 Z 键位）</td><td>□导通<br>□不导通</td></tr>
<tr><td rowspan="2">高压电缆绝缘性检测</td><td>电源正极（B 脚）绝缘电阻值</td><td>测量值：<br>标准值：<br>□正常　□否</td></tr>
<tr><td>电源负极（A 脚）绝缘电阻值</td><td>测量值：<br>标准值：<br>□正常　□否</td></tr>
</table>

（3）检查快充电缆

| 图示 | 检查项目 | 检查过程 | | 检查结论 |
|---|---|---|---|---|
| | 外观状态 | □正常 □破损 | | 高压电缆<br>□正常<br>□需更换 |
| | 针脚导通性检测 | 电源正极<br>（DC+ 脚与 B 脚） | □导通<br>□不导通 | |
| | | 电源负极<br>（DC− 脚与 A 脚） | □导通<br>□不导通 | |
| | | 低压辅助电源正极<br>（A+ 脚与 2 脚） | □导通<br>□不导通 | |
| | | 低压辅助电源负极<br>（A− 脚与 1 脚） | □导通<br>□不导通 | |
| | | 充电通信 CAN−H<br>（S+ 脚与 4 脚） | □导通<br>□不导通 | |
| | | 充电通信 CAN−L<br>（S− 脚与 5 脚） | □导通<br>□不导通 | |
| | | 充电连接确认<br>（CC2 脚与 3 脚） | □导通<br>□不导通 | |
| | | 车身搭铁<br>（PE 脚与车身搭铁） | □导通<br>□不导通 | |
| | 高压电缆绝缘性检测 | 电源正极（B 脚）<br>绝缘电阻值 | 测量值：<br>标准值：<br>□正常 □否 | |
| | | 电源负极（A 脚）<br>绝缘电阻值 | 测量值：<br>标准值：<br>□正常 □否 | |

（4）检查慢充电缆

| 图示 | 检查项目 | 检查过程 | | 检查结论 |
|---|---|---|---|---|
|   | 外观状态 | □正常　□破损 | | 高压电缆<br>□正常<br>□需更换 |
| | 针脚导通性检测 | 电源正极<br>（L1 脚与 1 脚） | □导通<br>□不导通 | |
| | | 电源负极<br>（N 脚与 2 脚） | □导通<br>□不导通 | |
| | | 充电连接确认<br>（CC 脚与 5 脚） | □导通<br>□不导通 | |
| | | 控制确认线<br>（CP 脚与 6 脚） | □导通<br>□不导通 | |
| | | 车身接地<br>（PE 脚与 3 脚） | □导通<br>□不导通 | |
| | 高压电缆绝缘性检测 | 电源正极（L 脚）绝缘电阻值 | 测量值：<br>标准值：<br>□正常　□否 | |
| | | 电源负极（N 脚）绝缘电阻值 | 测量值：<br>标准值：<br>□正常　□否 | |

（5）检查高压附件电缆

| 图示 | 检查项目 | 检查过程 | | 检查结论 |
|---|---|---|---|---|
|  | 外观状态 | □正常　□破损 | | 高压电缆<br>□正常<br>□需更换 |
| | 针脚导通性检测 | DC/DC 电源正极<br>（A 脚与 B2 脚） | □导通<br>□不导通 | |
| | | PTC 电源正极<br>（B 脚与 3 脚） | □导通<br>□不导通 | |
| | | 压缩机电源正极<br>（C 脚与 B3 脚） | □导通<br>□不导通 | |
| | | PTC-A 组负极<br>（D 脚与 1 脚） | □导通<br>□不导通 | |
| | | 充电机电源正极<br>（E 脚与 B1 脚） | □导通<br>□不导通 | |

续表

| 图示 | 检查项目 | 检查过程 | | 检查结论 |
|---|---|---|---|---|
| | 针脚导通性检测 | 充电机电源负极（F 脚与 A1 脚） | □导通<br>□不导通 | |
| | | DC/DC 电源负极（G 脚与 A2 脚） | □导通<br>□不导通 | |
| | | 压缩机电源负极（H 脚与 A3 脚） | □导通<br>□不导通 | |
| | | PTC-B 组负极（J 脚与 2 脚） | □导通<br>□不导通 | |
| | 高压电缆绝缘性检测 | DC/DC 电源正极（A 脚）绝缘电阻值 | 测量值：<br>标准值：<br>□正常 □否 | |
| | | PTC 电源正极（B 脚）绝缘电阻值 | 测量值：<br>标准值：<br>□正常 □否 | |
| | | 压缩机电源正极（C 脚）绝缘电阻值 | 测量值：<br>标准值：<br>□正常 □否 | |
| | | PTC-A 组负极（D 脚）绝缘电阻值 | 测量值：<br>标准值：<br>□正常 □否 | |
| | | 充电机电源正极（E 脚）绝缘电阻值 | 测量值：<br>标准值：<br>□正常 □否 | |
| | | 充电机电源负极（F 脚）绝缘电阻值 | 测量值：<br>标准值：<br>□正常 □否 | |
| | | DC/DC 电源负极（G 脚）绝缘电阻值 | 测量值：<br>标准值：<br>□正常 □否 | |
| | | 压缩机电源负极（H 脚）绝缘电阻值 | 测量值：<br>标准值：<br>□正常 □否 | |
| | | PTC-B 组负极（J 脚）绝缘电阻值 | 测量值：<br>标准值：<br>□正常 □否 | |

（6）检查驱动电机电缆

<table>
<tr><th>图示</th><th>检查项目</th><th colspan="2">检查过程</th><th>检查结论</th></tr>
<tr><td rowspan="7"></td><td>外观状态</td><td colspan="2">□正常　□破损</td><td rowspan="7">高压电缆<br>□正常<br>□需更换</td></tr>
<tr><td rowspan="3">针脚导通性检测</td><td>电机 U 相<br>（A 脚与 1 脚）</td><td>□导通<br>□不导通</td></tr>
<tr><td>电机 V 相<br>（B 脚与 2 脚）</td><td>□导通<br>□不导通</td></tr>
<tr><td>电机 W 相<br>（C 脚与 3 脚）</td><td>□导通<br>□不导通</td></tr>
<tr><td rowspan="3">高压电缆绝缘性检测</td><td>电机 U 相（A 脚）<br>绝缘电阻值</td><td>测量值：<br>标准值：<br>□正常　□否</td></tr>
<tr><td>电机 V 相（B 脚）<br>绝缘电阻值</td><td>测量值：<br>标准值：<br>□正常　□否</td></tr>
<tr><td>电机 W 相（C 脚）<br>绝缘电阻值</td><td>测量值：<br>标准值：<br>□正常　□否</td></tr>
</table>

5. 更换有故障的高压电缆，安装新高压电缆，并确认电缆接插件连接到位

| 项目 | 完成情况 |
|---|---|
| 安装动力蓄电池高压电缆 | □已完成　□未完成 |
| 安装驱动电机控制器电缆 | □已完成　□未完成 |
| 安装快充电缆 | □已完成　□未完成 |
| 安装慢充电缆 | □已完成　□未完成 |
| 安装高压附件电缆 | □已完成　□未完成 |
| 安装驱动电机电缆 | □已完成　□未完成 |

6. 恢复低压接插件、维修开关及蓄电池负极端子的连接

| 项目 | 完成情况 |
| --- | --- |
| 安装低压接插件 | □已完成　□未完成 |
| 安装维修开关 | □已完成　□未完成 |
| 安装蓄电池负极端子 | □已完成　□未完成 |

## 三、检验与评估

1. 小组互评

其余小组根据展示小组代表阐述的本组任务实施过程进行评价，并记录评价结果。

| 序号 | 评价标准 | 各组评价结果 |
| --- | --- | --- |
| 1 | 任务目标制定合理恰当 | |
| 2 | 任务过程表述清晰明确 | |
| 3 | 任务结果符合实际情况 | |
| 4 | 任务计划切实有效执行 | |
| 5 | 任务体会感受情感真实 | |
| 综合评价 | | |

2. 组内互评

组长：________________　　　组号：________________

| 姓名 | | | | | | | | | | |
| --- | --- | --- | --- | --- | --- | --- | --- | --- | --- | --- |
| 分工 | | | | | | | | | | |
| 评价 | | | | | | | | | | |

注：评价采用 5 分制。

3. 自我反思和自我评价

根据在课堂中的实际表现，自行填写。

| 自我反思 | |
|---|---|
| 自我评价 | |

## 四、实训考核

考核标准表

| 项目 | 评分标准 | 分值 | 得分 |
|---|---|---|---|
| 工作任务接收 | 正确接收并理解工作任务要求 | 10 | |
| 资料收集 | 标注各高压线束端口名称及接口针脚定义<br>掌握各高压电缆的连接部件 | 10 | |
| 计划制定 | 要求检测与更换高压电缆操作规范，明确小组成员分工 | 10 | |
| 计划实施 | 规范进行场地布置及检测仪表工具检查 | 5 | |
| | 整车高压断电操作，拆除高压电缆 | 5 | |
| | 检查动力蓄电池电缆的外观、导通性及绝缘性 | 6 | |
| | 检查驱动电机控制器电缆的外观、导通性及绝缘性 | 6 | |
| | 检查快充电缆的外观、导通性及绝缘性 | 6 | |
| | 检查慢充电缆的外观、导通性及绝缘性 | 6 | |
| | 检查高压附件电缆的外观、导通性及绝缘性 | 6 | |
| | 检查驱动电机电缆 | 5 | |
| | 更换及安装各高压电缆 | 5 | |
| 质量检查 | 任务完成良好，操作过程规范 | 10 | |
| 评价反馈 | 能根据自身及队友表现进行客观评价 | 5 | |
| | 能在任务实施过程中发现自身及队友的问题 | 5 | |
| 合计 | | 100 | |

全国技工院校新能源汽车检测与维修专业教材

（中/高级技能层级）

汽车机械识图

汽车机械识图习题册

新能源汽车概论

新能源汽车概论习题册

● 新能源汽车高压电安全

新能源汽车高压电安全习题册

新能源汽车维护

混合动力汽车发动机检测与维修

混合动力汽车发动机检测与维修习题册

新能源汽车底盘检测与维修

新能源汽车底盘检测与维修习题册

新能源汽车电池与管理系统检测与维修

新能源汽车电池与管理系统检测与维修习题册

新能源汽车充电系统检测与维修

新能源汽车充电系统检测与维修习题册

新能源汽车驱动电机系统检测与维修

新能源汽车驱动电机系统检测与维修习题册

新能源汽车空调检测与维修

新能源汽车空调检测与维修习题册

新能源汽车故障诊断与排除

新能源汽车车载网络系统检修

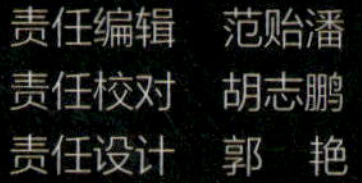

责任编辑　范贻潘
责任校对　胡志鹏
责任设计　郭　艳

天猫旗舰店　中国人力资源和社会保障出版集团

ISBN 978-7-5167-4406-2

9 787516 744062 >

定价：32.00 元